U0523126

苏格拉底之死
THE DEATH OF SOCRATES

[古希腊] 柏拉图 著　张光玉 译

海南出版社
·海口·

图书在版编目（CIP）数据

苏格拉底之死 /（古希腊）柏拉图著；张光玉译.
海口：海南出版社，2025.5. --（未读经典）.
ISBN 978-7-5730-2394-0

Ⅰ．B502.231
中国国家版本馆CIP数据核字第2025AR1995号

苏格拉底之死
SUGELADI ZHI SI

[古希腊]柏拉图　著　张光玉　译

责任编辑：	陈淑芸
执行编辑：	戴慧汝
封面设计：	typo_d
出版发行：	海南出版社
地　　址：	海南省海口市金盘开发区建设三横路2号
邮　　编：	570216
电　　话：	(0898)66822026
印　　刷：	北京雅图新世纪印刷科技有限公司
版　　次：	2025年5月第1版
印　　次：	2025年5月第1次印刷
开　　本：	880 mm×1230 mm　　1/64
印　　张：	3.5
字　　数：	103千字
书　　号：	ISBN 978-7-5730-2394-0
定　　价：	32.00元

关注未读好书

客服咨询

本书若有质量问题，请致电（010）52435752

未经许可，不得以任何方式
复制或抄袭本书部分或全部内容
版权所有，侵权必究

目录

申辩篇　1

克力同篇　57

斐多篇　85

申辩篇

雅典的公民们，我不知道我的指控者对你们有什么影响；但我知道他们都快让我忘记自己是谁了——他们的话多有说服力啊！然而，他们几乎没讲过一句真话。在他们的所有假话中，有一句最让我吃惊，那就是他们告诉你们要小心，不要被我的能说会道给骗了，因为他们认为我是个娴熟的演说家。他们清楚，只要我一开口就能证明我说的是真话，而不是能说会道，因为我显然没有丝毫的演说技巧，所以他们这么说我，简直是无耻至极。除非他们所谓的能说会道，指的是能讲真话。如果这是他们的意思，那么我承认，我是能说会道。但是，我与他们说的"能说会道"完全不同。

正如我刚才所言，我的指控者几乎没有讲过真话；不过，从我这里你们将听到全部的真话，但不是以他们的那种用华丽辞藻充分修饰的方式来表达的。先生们，我可以向你们保证，我会直截了当地表达，想到什么就说什么，因为我确信我说的话充满正义。雅典的公民们啊，要我这把年纪的人像一个年轻演说家那样和你们说话，是很不恰当的，你们也别指望我会那样。还有，我恳请你们的帮助：当我以我习惯的方式为自己辩护时，如果你们听到那些我以前在市集、钱店或者别的地方使用的词时，恳请你们不要惊讶，也不要因此打断我。因为我已经是七十多岁的人了，但却是第一次上法庭，对法庭上的辞令相当陌生，是一个十足的外行，所以我恳请诸位把我看作异邦人。如果这个异邦人说话的时候用了他的土话，讲话中有他家乡的说话方式，你们自然会原谅他——我对你们的要求不正当吗？不论我的说话方式是好是坏，请别在意；只需注意我说的是不是真话。因为我们应该明确的是：辩护人的责任是要讲真话，法官的责任是要公正地判决。

首先，我需要回应以前的指控和最初的那些控告者，然后再回应后来的那些指控。因为长期以来就有很多人控告我，他们诬陷我已经很多年了，我害怕他们胜过害怕阿尼图斯[1]和他的同伴。尽管阿尼图斯和他的同伴也很危险，但更危险的是以前那些控告者。当你们还是孩子的时候，你们的心灵就已经被他们的谎言占据了。他们说有那么一个人叫苏格拉底，是一个智者，天文地理无所不知，能把黑的说成白的。而传播这些话的人正是我害怕的控告者。因为听到他们这么说，人们就容易认为：这些探究天文地理的人一定都是无神论者。这些人很多，并且诬陷我的这些指控也由来已久。在你们还是孩子或者青年的时候，在你们正处于容易轻信他人的年纪时，这些人对你们散播这样的言论，也因为没有人为我回应这些诬陷，于是，你们听到这些话之后，就默默相信了。然而最麻烦的是，我并不认识这

---

[1] 阿尼图斯（Anytus），控告苏格拉底的三个人之一。在苏格拉底被处死之后，因雅典人后悔所行之事，他也随即被流放了。另外两个控告苏格拉底的人是美勒托和吕贡。

些人，除了偶然得知其中一个是喜剧作家外，我说不出这些指控者的名字。有一些人出于嫉妒和怨恨而诬陷我，还有一些人是把别人告诉他们的事传下去，并且还让你们相信了这些谣言（他们之中的一些人，自己已经先相信了这些谎言），这些人都很难对付。因为我不能让他们站在这儿，和他们当面对质。因此，当我为自己辩护时，当我提出质问而没有人回答时，就好像是在和影子打架。所以，当我说控告我的人有两类，一类是最近的，一类是以前就有的时，也请你们接受我这种说法。毕竟以前的那些指控已经流传很久，而且比最近的指控说得更多，所以我要先回应以前的那些指控，我希望你们能理解这一点。

好了，我现在就开始为自己辩护。我将尽量用很短的时间，来消除那些由来已久的诽谤。但愿我能成功，因为这对我和你们都有好处。至少对我而言，可能会让我赢得这场官司。我知道这并不简单，也相当了解这项任务的本质。因此，就让神来决断胜负吧。根据法律规定，现在我要为自己辩护。

首先，我想问问那个让人们诽谤我，并促使美勒托[1]控告我的指控是什么，那些诽谤我的人是怎么说的。如果把起诉人的控告总结在起诉书上就是："苏格拉底是一个恶人，一个充满好奇的人，一个探究地下和天上的事、颠倒黑白，并把这些东西传播给别人的人。"指控的主要内容就是这些。这个人你们在阿里斯托芬[2]的喜剧中见过，那里面有一个人就叫苏格拉底，自称能够腾云驾雾，所说的全是一些我也不知道的无稽之谈——我这么说，并不是瞧不起学自然哲学的人[3]。如果美勒托指控我是出于这个原因，

---

1 诗人美勒托（Meletus）是苏格拉底的主要指控者之一。公元前399年，他将苏拉底告上法庭，指控苏格拉底对雅典诸神不虔诚，还妄造新神，腐蚀年轻人，败坏青年人的道德和思想。
2 阿里斯托芬（Aristophanes），古希腊早期喜剧代表作家。有"喜剧之父"之称。这里指的是阿里斯托芬的喜剧《云》。
3 苏格拉底之前的哲学基本上都是研究自然，探讨什么是万物本原这类问题，用水、火、土等东西来解释世界。苏格拉底不同于以前的哲学家，关注的是人的心灵，所以这里会有此一说。

我只能说抱歉。但是雅典公民们，真实的情况是，我与这种物理推测[1]毫无关系啊。现在在场的大多数人都可以为我做证。你们听过我讲话，我恳请你们和邻居聊聊，看看是否有人听我或多或少地谈过这个问题，听听他们怎么说。从他们说的话中，你们就能意识到对我的其他指控同样不可靠。

有人说我作为老师，收取报酬，这种说法毫无根据，甚至比前面的指控更不真实。虽然在我看来，如果一个人真的能够有资格教育别人，并为此收取报酬，这对他是一件具有荣光的事。比如雷昂底恩的高尔吉亚[2]、开奥斯的普罗狄科[3]以及埃利斯的希庇亚斯[4]，他们游历各个城邦，说服年轻人离开城邦里不能教他们东西的人，然后让这些年轻人付钱向他们学

---

[1] 指的是自然哲学的研究。
[2] 高尔吉亚（Gorgias），古希腊哲学家和修辞学家、智者。他是西西里岛雷昂底恩城人，早年随恩培多克勒学习修辞、论辩、自然哲学和医学。
[3] 普罗狄科（Prodicus），古希腊哲学家、智者。
[4] 希庇亚斯（Hippias），古希腊哲学家、智者。

习，年轻人还为此感激不尽。现在，雅典就住着一个来自帕罗斯岛的智者，我听他讲过话。我认识的一个人，就花了很多钱在智者身上，这个人就是希波尼库的儿子卡里阿斯[1]，我知道他有两个儿子，我问他："卡里阿斯，如果你的两个儿子一个是小马驹，一个是小牛犊，要找某个人来照管他们并不难，我们可以找一个驯马人或者放牧人，他们会挖掘并激发小孩的本性和天赋；但你的孩子是人，你认为应该找谁照管他们呢？你认为有那种对人类和社会的美德都很了解的人吗？你必须考虑这个问题，因为你是有孩子的人，你认为有这样的人吗？""有。""是谁？来自哪个国家？他收多少学费呢？"我问。他说："这个人就是帕罗斯人厄文努斯[2]，学费是500德拉克

---

1 卡里阿斯（Callias），指卡里阿斯三世，雅典政治家，是智者的重要赞助人，最终因奢靡习性而破产。
2 厄文努斯（Evenus），帕罗斯岛的演说家和诗人，苏格拉底在《斐多篇》中也称他为一位哲学家。

马[1]。"我对自己说，如果厄文努斯真有这样的智慧，收的学费又挺合理，那他真是一位幸福之人。如果我也能这样的话，那肯定会扬扬自得，不过我并没有这种知识。

雅典公民们，我敢说你们中间有人会问我："是的，苏格拉底，但是那些针对你的指控是怎么产生的？你一定做了什么奇怪的事吧？如果你和大家一样，那所有这些谣言和关于你的谈论就不会有了。既然你这样说，那好，你告诉我们针对你的那些指控是怎么来的，因为要草率地对你进行判决也不合适。"现在，我会把这作为一个合理的要求，努力向你们解释，为什么人们会说我是智者，为什么我会有这么一个恶名。请注意，虽然你们中有人可能会认为我在开玩笑，但我保证我说的都是实话。

---

1 古希腊衡量单位。由于经济差异巨大，很难给出精确的货币等值，因此用德拉克马表示资金的总额。如果粗略地假设德拉克马的价值，在15先令至1英镑9先令之间，那么厄文努斯的报酬大约为400英镑。

雅典公民们，我的这种名声无非是由于我有某种智慧而引起的。如果你们问我是哪种智慧，我会说是属于人的那种智慧。在这个意义上，我也倾向于认为我是有智慧的；不过，我之前说的那种人，他们拥有的是超人的智慧，这是我不能描述的智慧，因为我没有这种超人的智慧。而那些说我有这种智慧的人，他们在说谎，他们在非难我。雅典公民们，在此我恳请你们，即便我的话听起来有些狂妄，也不要打断我。因为我将要说的话，并不是我自己的意思。我将要说的是一个值得相信的证人，这个证人就是德尔菲神庙的神——神会告诉你们，如果我有智慧的话，我的智慧是什么，是哪种。

你们一定认识凯勒丰，他自幼便是我的朋友，也是你们的朋友。他同你们一起逃亡，又一起归来。你们都知道，凯勒丰这个人爱凭感情做事，容易冲动。有一次他去德尔菲神庙，冒失地问神，让神告诉他是否——我说了，请你们不要打断我——问神是否有人比苏格拉底更聪明，然后皮提亚的女祭司回答说，没人比苏格拉底更聪明。尽管凯勒丰已经去世了，不过他的兄弟现在也在法庭上，他可以证明我说的都是真的。

为什么我要提到这件事呢？因为我想解释一下为何我会有这样一个恶名。当我听到那个答案的时候，我对自己说，神是什么意思呢？这个谜怎么破解？因为我知道我并没有智慧，大智慧和小智慧都没有。可神却说我是最聪明的人，他是什么意思呢？因为他是神，神不说谎，说谎与他的本性相悖，所以我想了很久，终于想到了解决这个问题的方法。我想，如果我能找到一个比我聪明的人，我就可以由此来反驳神了。我会对神说："这个人就比我聪明，而你却说我最聪明。"

于是，我去找了一个据说很聪明的人，观察他——我考察的这个人的名字就不提了，他是一个政客——结果是这样的：虽然许多人以及他自己都认为他很聪明，但当我和他说话时，我却忍不住地想，其实他并不是真的聪明。我跟他解释，他认为自己聪明，可事实并非如此；结果他恨上了我，现在法庭里听我说话的人中间，也有类似恨我的。我离开这个政客时，对自己说：好吧，虽然我认为我们都不知道真正的美和善，但我也比他聪明。因为他什么都不知道，却认为自己知道什么；而我既什么都不知道，也不认为自己知道。在后一种意义上，我似乎比他有智慧。然后，我又去找别的据说更有智慧的人，但结果基本都一样。我也因此招致了此人以及其他人的仇恨。

我又一个接一个地去问了很多人，我并不是没有意识到由此引发的恨意，也为此后悔和害怕过，但是我又必须去做。因为我认为，我应该优先考虑神的话。于是我对自己说，必须去问那些有知识的人，去发现神谕的意义。公民们，我发誓，我以神狗[1]起誓——因为我必须告诉你们实情——我所发现的结果竟是，那些最有名望的人反而最愚蠢，那些名声没

---

[1] 此处为伪誓言，苏格拉底也不总是躲避以真实的神之名起誓。起初这种做法或许是虔诚的，但后来也变得幽默滑稽了。

有那么大的人却更有智慧并且更优秀。接下来，我就跟大家讲讲我的探寻访问过程，以及我的种种艰辛努力。经历了这些后，我才最终发现神的话无法反驳。在访问完政客之后，我又去问诗人，戏剧诗人、抒情诗人，还有其他各种诗人。我告诉自己：在诗人这里，你立刻就会发觉你比他们无知。于是，我就拿一些他们写得最好的诗，问他们究竟是什么意思。我想，他们一定能教给我一点儿东西。可你们相信吗，我都不好意思承认了，但我又不得不说，那就是法庭里的诸位，几乎没有谁对那些诗的理解，会比那些诗的作者差。于是，我就知道了，原来写诗靠的不是智慧，而是某种天才或者灵感；诗人就像占卜的人或者预言家一样，说些美妙的事，但是却不理解其中的意义。据我观察，诗人们大体上都是这样。我还观察到，他们凭着能写诗，竟然认为在他们不了解的那些事情上也是最聪明的。所以我不再询问诗人，因为我认为我比他们还优秀呢，就像我认为我比政客优秀一样。

最后我又去问工匠。我知道我什么技术性知识都不知道，也确信他们知道很多东西。这回我没错，因为他们确实知道许多我不知道的东西，在专业上也确实比我更有智慧。但是我看到，即便是那些技艺精湛的工匠，也会犯诗人那样的错误。因为他们是好工匠，就认为自己对所有东西都很了解。这个缺点遮住了他们的智慧。于是，我替传神谕者问自己，我是要像之前的自己一样，既没有他们的知识，也没有他们的无知，还是要像这些工匠一样，两者都有？我对自己和传神谕者的回答是：还是以前的自己更好一些。

但这个考察给我招来了最恶毒和最危险的敌意，还让我时常被人诽谤。人们说我是智慧的，是因为他们认为，既然我说别人没有某一方面的智慧，那我就应该有那方面的智慧；但是公民们啊，事实上，只有神才是智慧的。通过那条神谕，神只是想表明，人的智慧微乎其微，甚至毫无价值。神说到苏格拉底的时候，并不是在说苏格拉底是最聪明的人，而只是用我的名字打个比方，用来说明最聪明的人是那些像苏格拉底一样认识到人的智慧其实毫无价值的人。于是我遵循神谕，走遍各处，拜访那些有智慧的人。不论是城邦的公民还是异邦人，只要看起来有智慧，我就会拜访他们；如果这个人并不是真的有智慧，为了维护神谕，我会告诉他，他并不智慧。这件事占据了我的所有，搞得我既没有时间去关心政治事务，也无暇关注私事，并且因为要侍奉神，所以我现在还是一贫如洗。

还有件事，有这么一些年轻人，出身富贵，闲着无事就自愿来找我谈话。他们喜欢听我讲那些我考察过的假装有智慧的人的故事，并且他们会常常效仿我，也去考察别人。而且很快，他们也发现，很多人认为自己知道一些东西，但其实他们所知甚少，甚至一无所知。不过，被年轻人考察的那些人，恨的不是年轻人，而是我。他们说，讨厌的苏格拉底啊，真可恶，竟然误导年轻人！然而，如果有人问他们，苏格拉底是做了什么坏事，还是传授了什么坏东西？

他们又都不知道了，什么都说不出来。因此，为了不显得那么不知所措，他们会搬出一些现成的针对哲学家的指控，说苏格拉底考察天上地下的事，不信神，颠倒黑白；但他们不愿意承认自己的无知已经被发现的真相。他们人数众多、野心勃勃、精力充沛，于是便众口一词地对我发动攻击，说着些煽动人心的话。他们已经用喧闹嘈杂、根深蒂固的污蔑填满了你们的耳朵。这就是美勒托、阿尼图斯以及吕贡要攻击我的原因：美勒托是为诗人和我争吵，阿尼图斯是为工匠和政客，吕贡则是为修辞学家。我之前已经说了，我不能期待马上就澄清这么多的诽谤。但雅典公民们啊，这就是真相，所有的真相；我没有隐藏任何东西，也没有假装任何东西。我知道是因为我说话直截了当，所以他们才恨我，可他们恨我，不正证明了我说的是实话吗？因此，就有了针对我的偏见，这就是原因啊！不论你们是现在还是以后考察，都会发现事实就是这样。

对第一批针对我的指控者，我的反驳就是这些了。现在，我要反驳第二批针对我的指控者，他们以美勒托为首。美勒托自称是好人，还是真正的爱国者。对此，我必须反驳。下面让我们再看一遍他们的讼词。

他们在讼词中说，苏格拉底是个恶人，腐蚀青年，还不信城邦的神，捏造自己的新神。这就是他们的指控。好，那我们来按顺序考察一下。他们说我是恶人，还说我腐蚀年轻人；可雅典公民们，我认为美勒托才是恶人，他那么爱嫉妒人，却假装很真诚，还假装他和人打官司是出于对公共事务的热情和关心，可事实上，他对此从不关心。下面，我将努力向诸位证实这一真相。

来吧，美勒托，我有个问题要问你。你认为青年的进步是最重要的事吗？

"是的。"

那好，请告诉法官，谁能让他们进步？你已经煞费苦心找出青年的腐蚀者，然后在法官面前指控我就是那个人，那么，请告诉法官，谁能让青年进步?美勒托,瞧瞧你,默不作声,无话可说。你不觉得丢脸吗?这不正好证明我说的是真的吗?你对这些事根本就不关心。说啊,我的朋友,告诉大家,谁能让青年进步?

"法律。"

哦,我亲爱的先生,这不是我的意思。我想知道,是哪个人?是谁首先知道法律的?

"是法官,苏格拉底,是现在法庭上的法官。"

美勒托,你的意思是说,法官能够教导青年,使他们进步?

"当然了,他们可以。"

那是所有的法官都可以呢,还是只有一部分可以?

"所有的都可以。"

啊,老天,真是个好消息。有这么多人可以使青年进步。那么,你觉得(法官的)听众可以使青年进步吗?

"是的,他们也能。"

那么议员[1]呢?

"议员也能使青年进步。"

那公民大会的成员呢?他们可能会腐蚀青年吧,还是说他们也能让青年进步?

"他们都能让青年进步。"

也就是说,每一个雅典人都能使青年进步,提高他们。所有人都行,除了我,我是唯一腐蚀青年的人。这是你要表达的意思吗?

"确实如此,这就是我要表达的。"

如果你是对的,那我真是太不幸了。不过,我问你一个问题:那马呢?是只有一个人对马有害,剩下的人都对马好;还是说正好相反,只有一个人,或者说少数人对马好,也就是驯马人对马好,而别的与马相关的人都在伤害它们?美勒托,对于马以及别的动物来说,是这样的吗?很显然,不论你和阿尼图斯同意与否,都是这样的。对青年来说,如果只有

---

[1] 伯利克里时代雅典政府组织有公民大会、五百人议事会、执政官和十将军委员会。这里的议员指五百人议事会的议员。

一个腐蚀他们的人,而剩下的人都能使他们进步,那确实是太幸福了。但是,美勒托,显然你已经表明,你从来都不为年轻人考虑。你的冷漠,就体现在你对你拿来指控我的那些事完全不关心。

现在,美勒托,我想再问你一个问题。以宙斯之名,我想问,和坏的人生活在一起好,还是和好的人在一起好?回答我,朋友,我认为这个问题很简单。难道不是好人对他们的邻居行善,坏人对他们的邻居行恶吗?

"是的。"

那有没有这样的人?他宁愿被和他生活在一起的人伤害,也不愿从交往中受益。回答我,我亲爱的朋友,法律要求你必须回答我。有谁想被伤害吗?

"当然没有了。"

那么你指控我腐蚀和败坏青年的时候,你认为我是有意的,还是无意的?

"我认为你是有意的。"

但你刚刚才承认,好人对他们的邻居行善,而坏人对他们的邻居行恶。好,那么可不可以说,你年纪轻轻便智慧超群,而我,一把年纪,昏庸无知,甚至都不明白如果和我一起生活的人被我腐蚀,我也很有可能被他伤害。可我还是腐蚀了他,而且是故意的——反正你是这么说的,虽然不管是我还是别人,都不太可能会相信你。如此说来,要么我没有腐蚀青年,要么我只是无意的;但不论是哪一种情况,你都是在撒谎。如果我的过错是无心的,法律便不会审判这种无心之失。你应该私下里把我叫去,警告、训诫一下;因为如果我得到了好建议,肯定不会再去做那些我无意做错的事了——毫无疑问,我是不会做的。可你什么都没跟我说,拒绝给我建议。现在你又把我带到法庭上来,这个地方可不是教导人的地方,而是惩罚人的地方。

雅典公民们,现在事情已经很清楚了,正如我所说的,美勒托根本就不关心指控我的那些事。但是,美勒托,我还是想知道,在什么意义上,你说我腐蚀青年?从你的诉状里,我认为你的意思是说,我在教唆青年去信新的神，不要信本邦的神。你认为这就是我对青年的腐蚀。

"是的，我确实是这么说的。"

那好，美勒托，以我们正谈论的神起誓，告诉我以及法庭上的诸位，把你的意思说得清楚些！因为我还不明白你的意思，你是不是说，我在唆使别人信别的神，因此我是信神的，不是一个彻底的无神论者，所以我在这一点上并不有罪。但你的指控里没有这条，你只是说他们是一些我们城邦不承认的神，因此你指控我信的是异神；还是说，你认为我就是一个无神论者，一个无神论的鼓吹者？

"我是后一种意思，也就是说，你就是一个彻底的无神论者。"

这话很过分啊！美勒托，你为什么这么想呢？你的意思是我像别的人那样，不信太阳和月亮是神圣的？

"审判团，我向你们保证，他不信。因为他说过，太阳不过是石头，而月亮不过是土。"

亲爱的美勒托,你不知道你是在指控阿那克萨哥拉[1],还是说你认为审判团无知到根本不知道这些是那个克拉左美尼人书中的教条?他的书中都是这些东西,你这么说,可是在瞧不起审判团啊!确实,如果这些东西不经常在剧院里上演的话,那青年们可以说,这是苏格拉底教他们的[2]。但这些青年最多花一个德拉克马的入场费,就可以嘲笑苏格拉底——如果他假装是这些离奇言论的始作俑者的话。因此,美勒托,你真的认为我不信任何神吗?

"我以宙斯之名发誓,你绝对是什么都不信!"

---

1 阿那克萨哥拉(Anaxagoras),古希腊哲学家,生于小亚细亚的克拉左美奈(Clazomenae)。他是第一个将哲学系统性地介绍给雅典人的思想家,对自然哲学和天文学有重要贡献。他认为太阳是一块炽热的燃烧石头,月亮和行星的本质与地球类似,月光是日光的反射。他通过科学推测解释了日食和月食现象,认为日食是月亮遮住太阳,月食是地球影子遮住月亮。由于否认天体神圣性,他被控"不敬神",在伯利克里的调解下幸免于死,但被驱逐出雅典。
2 这里可能针对的是阿里斯托芬(Aristophanes)和欧里庇得斯(Euripides),他们的戏作中经常会引用阿那克萨哥拉的观点。

没人会信你的,美勒托,我甚至觉得你都不信自己。公民们,我忍不住想,美勒托真是粗心大意、鲁莽得很,他是出于任性和年轻人的莽撞写下那些诉状。为了试探我,他不会是在编谜语吧?他对自己说:我要看看这个聪明的苏格拉底会不会发现我这么明显的矛盾,或许我能骗一下他和其他人。但在我看来,他显然是在自相矛盾。他一会儿说苏格拉底的罪名是不信神,一会儿又说我信异神——一个真诚的人是不会这么做的。

雅典公民们,我希望你们能和我一起考察一下他的矛盾。美勒托,你要回答我下面的问题。在此,我还要提醒各位注意我之前的请求,如果我用习惯的方式说话,请不要打断我。

美勒托,有没有一种人,他相信人的存在,却不相信人本身?雅典公民们,我希望他能回答一下我的问题,而不是总打断我。有这样的人吗?他相信马术,但不相信马;或者相信有长笛演奏术,但是不相信有长笛演奏者。我亲爱的朋友,既然你拒绝为自己做出回答，那么我就替你向法庭回答：不，从来没有这样的人。那么现在请你回答下一个问题：一个人能够相信神的代理，却不相信神或者半人神存在吗？

"不能。"

承蒙法庭上的帮助，你终于回答我了。不过你在指控我的诉状中宣誓，说我传授并且相信神的代理——不论新神旧神，这不重要，反正我相信神，至少你的诉状和口供里是这样说的；可如果我相信神圣，那我怎么可能不相信神或者半人神呢？我必须信吧？事实是，我必须相信神。因此，我可以把你的沉默当作赞同吧。那什么是神灵和半人神呢？他们难道不是神，或是神的子女？

"当然是了。"

但是你发明了这个可笑的谜语：起初你说我不信神，然后你又说我信神。因为如果你认为半人神和神灵都是神，还说我信半人神的话，那事情就是我所说的这样。如果半人神是神的私生子，不论是被仙女还是别的女性所生，只要半人神声称是这些女性的儿子，那么，人们怎么会相信没有神？这就像承认有骡子，却否认有马和驴。美勒托，为了告我，你也只能捏造这些无稽之谈了。你用这个来控告我，因为你对我的指控实在没有什么确凿的内容。你认为一个人能相信有神灵或者超自然的事，但是却不相信有神、半人神以及英雄，任何人只要有一丁点儿理解力的话，都不会相信你。

对于美勒托的指控，我已经说得够多了，没有必要再多做辩护；但我也很清楚我招致了太多的敌意。如果我被处死，这就是原因吧——不是美勒托，也不是阿尼图斯，而是世人的嫉妒和偏见。这已经杀死了很多好人，也还会杀死更多的好人，我不会是最后一个。

也许有人会说："苏格拉底，你的人生会因此过早地结束，你不为此感到羞愧吗？"我会给他一个公正的回答，我会说："你错了，如果一个人在各种事情上都总是为善，那当他面对生死的时候，他不应该考虑是可能生还是可能死，他应该考虑的是，不论在做任何事,他做的是对的还是错的,他行事是作为一个好人还是一个坏人。不过,按照你的观点,在特洛伊倒下的英雄不是好的,尤其是忒提斯的儿子[1],与受辱相比,他完全蔑视危险。当他急切地想要杀掉赫克托的时候,他的女神母亲告诉他,如果他要为伙伴帕特罗克洛斯复仇,杀掉赫克托,他自己也会死——女神的话是这样的,或者类似的话:'赫克托死了以后,你的命运也会到来。'虽然他听了这话,但他完全蔑视危险和死亡。他并不害怕危险和死亡,而是害

---

[1] 这里说的是阿喀琉斯(Achilles),他是海洋女神忒提斯(Thetis)和英雄珀琉斯(Peleus)之子,是希腊第一英雄,阿喀琉斯出生后被母亲浸在冥河水中,因为怕他淹死而抓住他的脚踵,因此阿喀琉斯除脚踵外,全身刀枪不入。在特洛伊战争中,由于希腊联军统帅阿伽门农夺走阿喀琉斯的战利品,阿喀琉斯愤然离去,并未随军出征。在特洛伊战争后期,希腊联军节节败退,为扭转战局,阿喀琉斯的好友帕特罗克洛斯穿上阿喀琉斯的铠甲,假扮成阿喀琉斯,但是被特洛伊王子赫克托杀死。阿喀琉斯为了给好友复仇,回到战场,杀死赫克托,使希腊军转败为胜。后来赫克托的弟弟帕里斯受到太阳神阿波罗指引,用暗箭射中阿喀琉斯的脚踵,阿喀琉斯因此而死。

怕活在屈辱之中,害怕不能为他的朋友复仇。所以他回答说:'那就让我立即死去吧!让我去向我的仇敌复仇,而不是待在这条船上,成为世人的笑柄,成为大地的负担!'你认为阿喀琉斯考虑过死亡和危险吗?雅典的公民们啊,事实上,不论一个人处于什么位置,不论是他自己选择的,还是被上级安排的,在危险之中他都应该待在那个位置上,他不应该考虑死亡或者别的事,而是要考虑荣誉。公民们,这才是真理啊!"

雅典公民们,当你们选出来的将军命令我坚守在波提狄亚、安菲波利和德利乌[1]时,我像别人那样面对死亡,坚守在他们命令的地方。而如果现在,如同我设想那般,神命令我去履行哲学家的义务,去考察我自己以及别人,我却出于对死亡的恐惧,或者什么别的恐惧,逃离我的位置,那这确实很奇怪。如果我因为害怕死亡,错以为不聪明的我是聪明的,不遵

---

[1] 都是地名,在这三个地方都发生过战争,苏格拉底在波提狄亚、安菲波利立过功,在德利乌救过人。

从神谕，那么我的确应该被审判；因为我不遵从神谕，就是否认神的存在。怕死确实是以不聪明为聪明、以无知为知的借口，因为没人知道死亡是不是最好的事，然而人们却由于恐惧而认为死亡是最恶的事。一个人以无知为知，这种无知不就是某种最可耻的事吗？也只是在这个方面，我认为我和别人不同，并且可能会认为我比他们聪明。这就是说，我如果不知道死后的事，我就不会认为我知道；我只知道，不论是冤枉或者违背一个更好的神还是一个更好的人，都是恶的，都是可耻的。我不会害怕或者逃避那些可能的好，只会害怕或者逃避明确的恶。因此，如果你们现在就让我走，不信阿尼图斯的指控，不信他说因为我被审判了，所以我就应该被处死（要不是这样的话，就不该审判我）；也不信他说如果我现在走了，你们的子女就会因为听了我的话而被毁；如果你们告诉我："苏格拉底，这一次我们不听阿尼图斯的，你会被释放；但是有一个条件，那就是你不能再这样去追寻和探索了，如果你再因此被捕的话，你就要被处死。"如果这是你们释放我的条件，我会回答你们："雅典公民们，我尊敬并且爱你们，但是我会遵从神而不是遵从你们，只要我还有一口气，还有一丝力气，我就不会停止实践和传授哲学。我会以我的方式，对每一个我遇见的人进行劝告。我的朋友，雅典是一个伟大、强大和充满智慧的城邦。而你们是雅典的公民，如果你们只是积攒大量的钱财，只关心名声和地位，却对于智慧、真理以及灵魂最大限度的改善从来都毫不关心，那你们就不感到羞愧吗？"如果有人与我争辩："是的，我确实关心！"那么我不会让他马上走开，我要审问他、考察他以及试验他。如果我发现在他身上没有美德，而他却说他有，那么我会指责他低估了更重要的事，却高估了没那么重要的事。我将对每一个我遇见的人重复同样的话，包括老人、青年，城邦公民以及异邦人；尤其是对那些城邦公民，因为他们是我的手足啊！说实话，我这么做是因为我知道这是神的命令，并且我相信在城邦里再没有比侍奉神明更重要的事了。而我所做的都是在劝告你们,无论是老人还是青年人,都不要只关心你们的身体和财产,而应该优先考虑对灵魂进行最大限度的改善。我跟你们说,金钱不能带来美德,但是美德会给人带来金钱以及别的好事。这种好事既有公共福利,也有私人好处。这就是我传授的,如果要说我用以腐蚀青年的就是这个东西,那我确实就是一个罪人。不过如果有人说我传授的不是这些,那么他说的是假话。因此,雅典公民们,我跟你们说,不论你们是否按照阿尼图斯说的做,不论你们是否释放我,不论你们做哪一种决定,你们都要知道我是不会改变我的行为的,百死而不悔。

雅典公民们,别打断我,听我说。我说过,你们要听我说完的。我还有一些话要说,你们听了可能会喊起来的,不过我认为听我说这些东西对你们是有好处的,因此我请求你们别叫喊。我希望你们知道,杀了我这样一个好人,你们对自己的伤害比对我的伤害还要大。没有什么可以伤害我,美勒托不行,阿尼图斯也不行,他们都不能伤害我,因为坏人对自己的伤害比对一个比他好的人的伤害还要大。我并不否认阿尼图斯可能会杀了这个好人，也可能是驱逐他，或者是剥夺他的公民权利。因为阿尼图斯以及别人都可能会认为，这样做就能给这个好人带来极大的伤害。对此我并不同意。因为像他那样做，也就是不公地夺走他人的生命，这种恶行对他自身的伤害比对他人的伤害要大得多。

雅典公民们，现在我要进行辩护了。但我不是像你们想的那样为我自己辩护，而是为你们辩护。希望你们不要为了给我定罪而犯了违背神的罪，因为我是神给你们的馈赠啊。如果你们杀了我，你们很难找到一个人来接替我。打个好笑的比方，我就像是神赠予城邦的某种牛虻。这个城邦就像一匹又大又肥的马，由于太大，所以行动缓慢，需要被叮一下才能焕发生气。我就是被神拴在城邦上的那只牛虻，任何时候以及任何地点都叮着你们，唤醒你们，劝说你们，指责你们。你们很难找到像我这样的人，因此我劝你们还是留下我吧。我敢说你们肯定要发脾气了吧（就像一个人从睡梦中惊醒）。你们以为你们可以像阿尼图斯说的那样，轻易地拍死我，然后余下的日子你们就可以蒙头大睡了；除非神关心你们，再给你们派来另一只牛虻。

我说我是神赠予你们的，证据如下：如果我像别人一样，那么这些年来，我就不应该忽视我的私利，而是应该重视那些已经被我忽视了的私利；我也不该为你们奔波，不该像父兄那般去一个个地方劝说你们要重视美德。我敢说，这样的行为是与人的本性不符的。如果说我这么做得到了什么东西，或者说我的劝诫得到了什么报酬，那应该就是我的所作所为是有意义的。不过现在，你们都知道的，那些指控者指控了我很多罪名。可即便他们再无耻，也不敢说我勒索过钱财或者收取过报酬。关于这些，他们都没有证据，但是我却有充分的证据证明我说的都是真的——那就是我的贫寒。

有人可能会问，为什么你只是在私下里给建议，关心别人的利益？为什么不斗胆参加议会，向城邦献策？我会告诉你们原因的。我听见了一个神谕，我在很多不同的时间和场合都说过这个，你们也听我说过。这个神谕就是美勒托在他的指控中嘲讽的那个。这个神谕就像一个声音，当我还是孩子的时候我就能听见它。它总是禁止我去做我想做的事，但是却不命令我去做别的事。就是它阻止我成为一个政客的。我认为它是对的。雅典公民们，因为我很清楚，如果卷入政治的话，我早就死了，这对你们和我都不好。听了我的实话别不高兴，因为事实就是这样：一个人如果和你们或者其他任何人作对，真诚地与城邦里发生的许多不法、不义的行为做抗争，他一定活不下去；一个人如果想要活得久一些，又想为正义而战，那么他就只能站在一个私人的立场，决不能站在公共的立场。

　　对于我所说的，我能给出令人信服的证据。不只是言辞上的证据，更是你们相当重视的行动证据。让我讲讲我的一些经历，这些东西会证明我从没有因为怕死而屈从于不公。在面对不公的时候，我拒绝屈服,可如果不能拒绝的话,那我毋宁马上就死。我要讲一个关于法庭审判的故事,可能不那么有趣,不过却是真的。

雅典公民们,我唯一担任过的公职是议员[1]。当我的部族轮值的时候,恰好要审判那八位将军[2]。由于他们未能及时将阿吉纽塞海战中的阵亡士兵收葬,所以你们想要集体审判他们。这种行为违法了,你们后来也都承认这点;但那个时候,主席团中只有我一个人反对你们的违法行为,我投了反对票。而当那些演说家威胁说要弹劾我、逮捕我的时候,你们还欢呼呐喊。但我决定冒着危险站在法律和正义的一边,没

---

1 指五百人议事会的议员。克里斯提尼的改革,将雅典分为10个部族,每个部族派出50人组成五百人议事会。五百人议事会设置五十人的主席团(Prytanes),由五百人议事会中10个部族轮流担任。
2 克里斯提尼改革设置了十将军委员会,每个部族各选出一位将军。这里说的是阿吉纽塞海战。在那次战役中,雅典人击溃了斯巴达的海军,取得重大胜利,但由于未能及时收回阵亡士兵遗体,公民大会对"十将军委员会"中的八名将军进行了审判,最终六人被处死。

有因为担心牢狱和怕死而加入你们的不义审判之中。

这发生在还是民主制的时代。当三十僭主当政时，他们把我和另外四个人叫到圆厅[1]，然后让我们把萨拉米斯人莱昂[2]从萨拉米斯带来，他们要处死他。而这只是很多命令中的一个，他们还下达了很多这样的命令，并尽可能地给人施加罪名。然后我以我的行为而不只是我的语言表明，我一点也不在意死亡，我最在意以及唯一在意的是担心我做了不义或者亵渎神的事。所以尽管逼迫我的力量很强大，但是我也没有做坏事。当我们从圆厅出来之后，另外四个人去了萨拉米斯，抓了莱昂，而我回了家。如果不是之后僭主就倒台了，那我可能已经为此失去了我的生命。很多人都可以为我以上的陈述做证。

你们以为，如果我当初活跃在公共生活领域，

---

1 用作政府办公室的建筑，通常由议会的行政部门使用。
2 莱昂（Leon）的名字只出现在柏拉图的《申辩篇》，以及苏格拉底另一个弟子色诺芬的《希腊史》中，但是其身份至今还不清楚。

并且像一个高尚的人一样行事，坚守正义，把这一目标置于一切之上，我会像现在一样活得如此长久吗？雅典公民们啊，这绝对不可能；其他人也不行。你们会发现，我这一生在公共职责上始终保持一致，在个人交往中也是如此：我从未支持过任何不符合正义的行为，无论是谁，包括那些被某些人恶意称为我的学生的人。我从未自诩为某人的老师；但是如果有人渴望听我谈论并履行我个人的使命，无论老少，我从不吝惜给予他们这个机会；我也从不收取讲课费用，也不会因为不收费而拒绝与他们交谈；无论富人还是穷人，我都愿意回答他们的问题，如果有人愿意倾听我说话并回答我的问题，我也会同样为此准备着。如果这些人中的某一个成了好公民或坏公民，我不能为此负责，因为我从未许诺或传授过任何不对所有人公开的教诲；如果有人声称曾经从我这里私下学到或听到任何不是所有人都能知道的东西，你可以完全确信他在说谎。

但你们可能会问，人们为什么还乐意继续和我交谈？雅典公民们，我已经告诉你们全部的真相了，那就是他们喜欢听我盘问那些假装有智慧的人，这很有趣。正如我所说的，盘问他人是神的命令，是那神圣的力量以神谕、托梦以及其他神圣的方式暗示我去做的。雅典公民啊，真实情况就是这样，如果不是的话，那我的话就很容易被反驳。如果我正在腐蚀青年，或者我过去腐蚀了青年，那么那些已经长大的人，那些已经意识到我在他们年轻时给过他们糟糕建议的人，会来控告我的，因为他们要复仇。如果他们不愿亲自来，那么他们的亲戚、父亲、兄弟以及别的家人，等等，也应该会指责我的罪行，说我曾经祸害过他们的家庭。现在他们正好可以这样做。我看见他们有很多人都在法庭上。那是克力同[1]，他和我一般大，还是邻居，我还看见了他的儿子克力同布洛。然后还有斯佩多的吕珊尼亚，他的儿子埃斯基涅斯[2]也

---

1 克力同（Crito），苏格拉底最亲密的朋友，以他的名字命名了下一篇对话。
2 埃斯基涅斯（Aeschines），著名的苏格拉底主义者。

在，还有凯费所的安提丰，他是艾比根的父亲。还有几个人，他们是我认识的人的兄弟。有泰奥佐提德的儿子尼古斯德拉托，他是泰奥多托的兄弟（如今泰奥多托已经死了，因此无论怎样他都无法阻止他的兄弟说话）；还有德谟多库斯的儿子帕拉洛，他的兄弟是蒂亚戈；还有阿里斯顿[1]的儿子阿德曼托斯[2]，他的兄弟柏拉图也在；以及阿波罗多洛斯[3]和他的兄弟艾安托多洛都在。我还可以提到很多人，美勒托应该把他们引为他的证人的。如果他忘了，他现在也可以这么去做——我允许他这么做。如果他可以从中得出任何证词，那就说吧。不过，雅典公民们，事实正相反，因为他们都愿意为我做证。美勒托和阿尼图斯说我是他们亲人的腐蚀者和伤害者，但是他们却愿意为我这个坏人说话；不只是那些被我腐蚀的人会

---

[1] 阿里斯顿（Ariston），柏拉图的父亲。
[2] 阿德曼托斯（Adeimantus），柏拉图的哥哥。
[3] 阿波罗多洛斯（Apollodorus），他是《会饮篇》的叙述者，他的冲动性格使他在《斐多篇》中成为麻烦。

为我说话（他们有理由为我说话），而且他们年长的家人也会为我说话。为什么他们也会支持我？为什么？除非是因为真相和正义，因为他们知道我讲的都是真话，而美勒托是一个骗子。

公民们，这些话以及类似的话，就是我全部的申辩了。你们中可能有人会生我的气，因为想起了自己曾经也处于类似的处境，或者都没有我的处境糟糕。这些人把小孩带到法庭上来，制造感人的场面，还带来一堆亲戚朋友，哭哭啼啼地乞求法官。然而，尽管我可能面对生命危险，我也不会做这些事。所以他可能看到我的行为会想到相反的事，然后反对我，愤怒地投下自己的票。如果你们中有这样的人——记住，我不是说一定有，我说的是如果有，那么我要公正地对他说，我的朋友，我也是一个人，如同别人一样，是有血有肉的人，不是荷马说的那种"是木头、是石头"。公民们啊，我也有家人，我有三个孩子，一个都快成年了，另外两个还小；但我不会为了乞求你们的救免而把他们带到这里来。为什么不呢？既不是自负，也不是不尊重你们。而我是否怕死，这是另一个问题，现在我们不谈这个问题。我这样做是由于我想到了公众的舆论。我认为那种行为对我、对你们以及对整个城邦的信誉都不好。像我这把年纪，又有一定名声的人，不应如此自贱。不管我是否配得上，但不论怎样，世人都已经认定苏格拉底在某些方面有过人之处。如果你们中间有人被认为在智慧、勇气以及别的德行上有过人之处，还做那种乞求饶命的事的话，那真是可耻！我见过很有名声的人，一旦被定罪的时候，他们的行为太奇怪了。他们似乎认为死亡会是某种可怕的事情；似乎如果不杀他们，他们就能永生似的。我认为这真是让城邦蒙羞！任何异邦人都会说，雅典最杰出的那些人，雅典公民给予他们荣誉和权力，他们却连女人都不如。因此，我认为我们中有点名声的都不该做这种事。如果他们要做，你们要阻止他们。你们要向他们表明，对那种装可怜求饶的人，你们对他们的定罪会比那些什么都不说的人还要重得多。

先不管公众舆论这个问题，我认为一个人通过这种方式寻求法官的帮助并因此获得赦免是不对的。相反，他应该告诉法官真相，以此来说服法官。因为法官的职责不是去施舍正义，而是去公正地判断；法官已经发过誓，他会按照法律来判决，而不是按照他个人的好恶。我们不该鼓励你们形成背弃誓言的习惯，你们也不该背弃誓言，这样是不虔诚的。因此，别让我去做那些我认为可耻的、不敬神的和错误的事情，尤其是我正因为美勒托指控不敬神而受审时。雅典公民们，因为如果我能凭借劝说和乞求而使你们背弃你们的誓言，那么我就可能会教你们不信神。并且在我的申辩中，我也会使自己认可不信神这个指控了。不过事情远非如此。因为我确实是信神的，比指控我的那些人还要更加相信神。现在，我把对我的审判交给你们和神，由你们来判决，这对你们和我都是最好的[1]。

---

1 说完这些之后，法官投票表决，苏格拉底以 280∶221 票的结果被判有罪。

雅典公民们，对于你们投票判我有罪，我并不难过，这有很多原因[1]。我已经想到了这个结果。我唯一吃惊的是票数如此接近；因为我原本以为反对我的要多得多。不过现在看来，如果再从另一边得到30票的话，我就可以被释放了。但我还想说的是，我认为我解放了美勒托。如果没有阿尼图斯和吕贡的帮助，那么他的票就将不足五分之一[2]。这样的话，按照法律，他得付1000德拉克马的罚金[3]。

有人建议判我死刑。雅典公民们，那我应该提出用什么替代呢？很显然是交罚金。那交多少呢？我一辈子都没有过得很闲适，也没有像众人那样上

---

1 苏格拉底被判有罪之后，原告建议判处死刑，法官允许苏格拉底自己选择处罚方式，比如交罚金、流放和无期徒刑，等等。苏格拉底对此再次发言。
2 苏格拉底假设控告者都获得了起诉方投票总数的三分之一，那么平均到美勒托的只有93票多一点（280/3），并没有全体票数的五分之一（501/5），而不是100票。
3 雅典法律规定，原告所得票数如果不足五分之一，则属诬告，应罚1000德拉克马。

下求索,我不图钱财、不置家业、不谋军职、不求在议会有发言权、不想当长官,也不结党营私。该给这样一个人什么样的回报?想一想,我这个人太诚实,要想当一个政客,同时还想保全性命,这太难了。我不会去做那些对你们和我自己都不好的事;不过如果私下里我能对你们有最大的帮助,那我会去做的。我会劝你们每一个人要关心自己,劝你们在追求私利之前要先寻找美德和智慧,在看到城邦里有什么可以谋取好处时,要先想到城邦。在我的生活中,所有行为都应该按这个标准来。对于这样的人,应该给他什么回报?雅典公民们,毫无疑问,如果要奖赏他,那应该给他一些好的东西,并且这种奖赏也还要适合他。对于这样一个于你们有恩、利用闲暇来教导你们的穷人,要给他什么回报呢?雅典公民们,再没有比把他供养在城市公共会堂[1]更合适的了。他配得上这个奖赏,比那些在奥林匹克的骑马和赛车

---

[1] 为杰出公民和公共慈善家提供服务的一种类似国家酒店的公共场所。

比赛（不论是两个马拉的马车，还是更多马拉的）中获奖的人更配。因为我很穷，而他们很富足了；并且他们只给你们带来表面的幸福，我给你们的是真正的幸福。因此，如果要我公平地给自己一个处罚，我认为把我供养在城市公共会堂就是最合适的回报了。

你们可能认为我说这些是因为我不怕你们，就好像我之前说我不会啼哭乞求那样。但不是这样的。我这么说，只是因为我确信我从没有故意要害谁，尽管我没能让你们相信我，因为时间太短了；但如果雅典也像别的城邦那样，不在一天之内就判决这么大的案子，那么我应该能说服你们。但时间真的太短，我真的不能在这么短的时间里去驳斥这么多诽谤者；并且，正如我相信我没有害过人一样，我也不会害我自己。我不会说我该受什么罪，或者建议给我什么处罚。为什么我要这样？是因为我害怕美勒托提议的死刑吗？当我都不知道死亡是善还是恶的时候，为什么要给自己一个很显然是恶的处罚？我应该说监禁我吗?不过我为什么要活在监狱里,成为那些每年重新任命的狱卒的奴隶?或者我应该交罚金?然后监禁我直到我交了罚金?这和监禁我也是一样的,我也得待在监狱里。因为我没有钱,付不起罚金。或者我要说驱逐我,这也很可能是你们会接受的处罚。但你们作为我母邦的公民,都不能忍受我的言辞,而我还想去找比你们还不如的人来接受我,如果我为了活着而这般不理智的话,那我就是瞎了。雅典公民们,那是不可能的。所以我这把年纪应该怎么活?从一个城邦流浪到另一个城邦,一直变换着逗留之地,总是被驱逐?因为我很清楚,不论我去那里、这里也好,别处也好,年轻人都会围着我的。如果我把年轻人赶跑,那么他们就会让他们的长辈把我撵走;而如果我让年轻人围着我,那么他们的父兄就会把我撵走。

有人会说:"苏格拉底,你就不能闭嘴不说了吗?到别的城邦去,那里没有人打扰你,你可以安安静静地做自己的事,度过你的余生。"现在要让你们明白我的意思真的太难了。因为如果我跟你们说，按照你们说的来做是在违背神，所以我不能闭嘴，必须说出来，我想你们不会相信我这么说是认真的。如果我跟你们说我每天都要探讨美德以及别的事情，对自己和别人进行考察，做这些人所能做的最好的事情，告诉你们未经省察的生活不值得过，我想你们还是不会相信我。不过我说的是真的，尽管要说服你们相信我很难。此外，我从来都不习惯认为自己该受罚。如果我有钱的话，我会建议缴纳我能付得起的罚金，因为这不会给我什么伤害。但是我没钱，因此只能请各位把罚金规定在我能付得起的范围。我可能支付得起 100 德拉克马[1]，那我就建议罚我 1 明那吧；等一下，我的朋友柏拉图、克力同、克力同布洛以及阿波罗多洛斯都在这儿，他们让我提议缴 3000 德拉克马，他们会做我的担保人。那就罚

---

[1] 100 德拉克马等于 1 明那，约 80 英镑。根据色诺芬的说法，这是苏格拉底全部财产的五分之一。

我 3000 德拉克马吧！这个数目他们是能担保的[1]。

雅典公民们啊，你们不费什么时间，就从那些批评我们城邦的人那里得到了一个恶名。他们会说你们杀了苏格拉底这个有智慧的人；因为当他们想责备你们的时候，即便我没有智慧，他们也会认为我是有智慧的。如果你们能再等一会儿，你们的愿望也会自然实现的。因为我年纪已经很大了，你们也能想象，我快死了。我的话不是对你们所有人说的，而是对那些判我死刑的人说的。我还要跟他们说另一件事：你们认为我之所以被判死刑，是因为我无法说出那些让你们释放我的话。我的意思是，如果是这样，那就应该让我把该说的说了，该做的做了。但是，不是这样的，我之所以被判死刑，并不是由于我不善言辞，很明显不是。而只是由于我没有那么厚颜无耻，没有像你们希望的那样说话；没有哭哭啼啼，

---

[1] 说完这些后，人们再次投票，多数票主张判处死刑，比之前定罪还要多 80 票。下面是苏格拉底被判处死刑之后在法庭上最后的发言。

假装悲伤，没有像你们已经习惯了的那样说和做。正如我所说，这些行为与我不般配。我并不认为处于危险之中就应该去做那些常人都会做的事，我也不为我的申辩方式感到后悔。我宁愿死也要按我的方式来说话，而不是为了活着就按你们的方式说话。就像在战场上，在法律之中我们不应该为了能免于一死而不择手段。通常，在战争中，如果一个人扔掉他的武器，跪在敌人面前求饶，那么毫无疑问，他可能会免于一死；在别的危险中也一样，如果他愿意说任何话，做任何事，他也会有很多方式免于一死。但是公民们啊，问题不在于如何免于一死，而是怎么避免不正义。不义比死亡跑得快得多，不是那么容易逃掉。我老了，跑得慢，那跑得慢的死亡已经追上我了；指控我的人年轻，跑得又快，那跑得快的不义也追上他们了。因为你们判我死刑，我现在就要启程了；他们也要启程了，因为真理判他们有罪，他们要受罪恶的处罚。我一定会遵守我的判决的，他们也要遵守他们的。我认为这些事都是注定的，都很好。

现在，那些判我有罪的人，我很乐意给你们一个预言。因为我快死了，人在快死的时候是有预言能力的。那些谋杀我的人，我要给你们的预言是：在我死后，你们马上就会受到比你们施加在我身上还要严重的处罚。你们要杀我，是因为你们不想被人指责，这样你们不用为自己的行为做出解释。但是恰恰适得其反，因为指责你们的人会比现在还要多。这些人我一直在阻止着他们；他们都还年轻，因此他们会更加不服从你们，你们会更生他们的气。如果你们以为杀了他们，你们的恶行就能免于指责，那么你们就错了。因为这种逃避的方式既不可能也不光荣。而最简单和最好的方式不是去杀掉别人，而是改善自己。这就是我启程前要对判我死刑的法官说的话。

那些判我无罪的朋友，趁法官还忙，在我去往我必须要死的地方之前，我想和你们说说已经发生的这些事。还有点时间，请再待一会儿，因为我还想说些东西。你们是我真正的朋友，所以我想跟你们说说发生在我身上的事，说说它们有什么意义。

因为，法官啊，我尊称你们为真正的法官，我想跟你们说一件奇妙的事。迄今，那个神圣的东西总给我神谕，如果我要做哪怕是很小很小的错事，它都会出来阻止我。现在发生在我身上的事，大家都知道，人们通常认为这是最终的、最坏的不幸；但是，不论是我今早离开家，还是在来法庭的路上，以及当我说任何话的时候，这个神谕都没有丝毫要阻止我的迹象。以前，我在讲话当中可是经常被它阻止的；但是现在对于我说的和做的，它都没有阻止我。对于这种沉默，该作何解释呢？我想跟你们说，这是一种暗示，它表明发生在我身上的事情是好的，还表明那些认为死亡是恶的人是错的。因为如果我要行恶或者做什么不好的事，这个神谕通常都会阻止我。

我们换个方式想一想，我们会很有理由期待死亡是一件好事，因为死亡无非是下面二者之一：死亡要么是虚无的状态，是彻底的无意识；要么如人们所说的，死亡是从一个世界移居到另一个世界。如果死亡是没有意识,只是无梦的熟睡,那么它真是一种奇妙的收获。如果要一个人选他酣睡无梦的那一夜,去跟他人生中众多日夜相比,然后告诉我们,在他的一生中,有多少日子能比那一夜更好、更舒服,我想说任何人,包括国王、普通人,他们都找不到有比那个酣睡无梦的夜晚更好的时光。所以如果死亡的本质就是这样,那我认为死亡就是获益,因为死后的时日不过就是一夜而已。另外,如果死亡是去往另一个地方,并且如人们所说,所有死后的人都在那里,朋友们,法官们,那还有比这更好的吗?如果当人们去往底下的那个世界,摆脱了现在这个世界上的这些法官,在那里遇见那些总是公正判决的真正的法官,比如弥诺斯、拉达曼多、艾亚戈、特里普托勒谟[1]以及别的公正无私的神的儿子,那么这趟朝圣将是值得的。如果人们可以和奥菲斯、穆塞乌、赫西俄德、荷马[2]等人交谈,这得有多好啊!如果这是真的,那

---

1 都是冥界的判官,公正无私。
2 都是古希腊的诗人。

我宁愿多死几次。帕拉墨得斯[1]、德拉蒙之子大埃阿斯[2]以及别的上古英雄都因为受到不公正的判罚而死,如果在那里能遇见他们的话,我想和他们比一比我的遭遇,我对这件事很有兴趣,这应该会很有趣吧。最重要的是,在那里,我首先可以继续探索、区分真假知识;然后就像在这个世界一样,在那里也探索人的心灵;接着我还要找出谁是真正智慧的,谁是假装智慧。法官们啊,如果能够考问远征特洛伊的领袖,或者阿伽门农,或者西西弗斯,以及无数的人,男女都行,这得有多好啊!能在那里和这些人交谈、问他们问题,这将是无法估计的快乐啊!在那个世

---

[1] 帕拉墨得斯(Palamedes),希腊战士,他在特洛伊战争中揭露了奥德修斯的一个诡计。之后奥德修斯伪造证据,导致帕拉德梅德因叛国罪被处死。

[2] 大埃阿斯(Ajax)希望获得阿喀琉斯的武器,这些武器本应在主人去世后传给下一个最勇敢的希腊人;然而,阿伽门农和墨涅拉俄斯却将其授予了奥德修斯。埃阿斯盛怒之下,错把一些牛当成那些冤枉他的人而杀害。之后他恢复理智,因深感愧疚而自尽。

界里，人们不会因为问问题被处死——显然不会的。如果关于那里的说法是真的，那么那里除了是永恒不朽的，就是还比我们这里快乐。

因此，法官们，让我们为死亡感到高兴吧！并且我们要明白一点，那就是好人身上是不会发生恶事的，不论是生前还是死后。神是不会忽视好人和他的行为的，我身上发生的这些事也不是出于偶然。所以死亡对于我来说是一件好事，让我能从烦恼中解脱出来。我非常明白我的时间到了，因此神谕没有阻止我。此外，出于同样的原因，我不会对判我罪和指控我的人生气；尽管他们并不是想对我好，但他们的所作所为不能伤害我，因此我还是要礼貌地感谢他们。

我还有一个请求。等我的孩子们长大后，如果他们关注钱财和别的东西甚于关注美德，那么我请你们惩罚他们。你们要找他们的麻烦，就像我给你们找麻烦一样；如果他们自以为是，那么请你们责备他们，就像我责备你们一样，因为他们没有关心他们该关心的东西,因为他们自以为是。如果你们这样做了,我和我的孩子就从你们那儿得到了公正。

　　启程的时刻到了,让我们各走各的,我去死,你们去活,哪一条路更好,只有神知道。

克力同篇

克力同篇

对话人：苏格拉底和克力同

地点：苏格拉底的牢房

苏格拉底：克力同，你怎么这个时候就来了？应该还很早吧？

克力同：是的，还早。

苏格拉底：现在什么时候了？

克力同：黎明，刚破晓。

苏格拉底：我很奇怪，看守怎么会让你进来！

克力同：苏格拉底，因为我经常来，他已经认识我了；另外，我还给过他一点好处。

苏格拉底：你是刚到吗？

克力同：不是，我已经到一会儿了。

苏格拉底：那你为什么静悄悄地坐着，不叫醒我？

克力同：要是我遇上你这样的大麻烦和动荡，苏格拉底，我肯定会受不了——绝对受不了。看见你睡得这么平静，我感到很惊讶。我没有叫醒你，因为我希望减少你的痛苦。虽然我一直都知道你性情开朗，但是现在看见你面对这么大的灾难，还能表现出如此的放松和平静，真是让我大开眼界。

苏格拉底：克力同，为什么这么说？毕竟一个人到了我这把年纪，面对死亡的时候就不会抱怨了。

克力同：然而别的老人，当他们发现自己处于类似的不幸中时，年纪并不会使他们免于自艾自怨。

苏格拉底：确实如此。不过你还没有告诉我，你为什么来得这么早。

克力同：我给你带来了一个令人悲痛的消息。不过我认为对你而言并不悲痛，只有我们才觉得悲痛；因为我们是你的朋友，对于我本人，更是如此。

苏格拉底：什么意思？难道船已经从提洛[1]出发，它一到我就得死了？

克力同：没有，船还没到，不过今天可能就到了。因为船上有人在苏尼翁角[2]下船，赶陆路回来了，他们告诉我船到苏尼翁角了。因此，苏格拉底，明天你就要死了。

苏格拉底：没事，克力同，如果这就是神的旨意，我很乐意接受。不过我认为还有几天。

克力同：你怎么会这样想？

苏格拉底：我会告诉你的。我想问你，船到达之后的一天内我就要被处死？

---

1 提洛（Delos），希腊的一个小岛，据传是太阳神阿波罗的出生地，岛上有阿波罗神庙。根据《斐多篇》，雅典人每年会乘船去提洛朝拜，在这艘船从雅典出发再次回到雅典这段时间，城邦乃是圣洁的，不允许杀人。
2 "Sunium" 是一个古希腊地名，指的是苏尼翁角（Cape Sounion）。位于希腊阿提长半岛的最南端，以其壮丽的海景和古老的波塞冬神庙而闻名。这个地方在古希腊时期是一个重要的宗教和战略地点。

克力同：是的，当局是这么说的。

苏格拉底：不过我不认为船明天能到，这是我从昨晚的梦里得出来的，或者确切地说，就是刚刚，幸亏你让我继续睡下去。

克力同：那是个什么梦？

苏格拉底：在梦里我看见一个清秀的女子，穿着鲜艳的衣服，她喊我的名字，对我说："苏格拉底，第三天你就可以到达美好的费提亚。"[1]

克力同：苏格拉底，这真是个怪梦啊！

苏格拉底：克力同，我认为这个梦的意义很清楚。

克力同：是的，梦的意义很清楚。但是，我挚爱的苏格拉底，我再一次求你了，请你接受我的意见逃跑吧。因为你要是死了，我不仅会失去一位无可取

---

[1] "to the pleasant land of Phthia" 这句话出自荷马史诗《伊利亚特》，费提亚是希腊英雄阿喀琉斯的家乡。这里常被描绘成一个和平、美丽的地方，象征着英雄们在战争之外的生活和归宿。此处的引用可能用来比喻苏格拉底在死亡中找到的平和与解脱，类似于英雄回到他们理想的家园。

代的朋友，还会遭受恶名。那些不熟悉你和我的人，他们会认为我本可以出钱救你，但是我却没有。也就是说，我是一个重财轻友的人，还有比这更丢人的吗？因为很多人都不会相信我想救你，只是你拒绝了。

苏格拉底：亲爱的克力同，为什么我们要在意那些人的想法？只有那些好人的想法才值得我们考虑，而他们会相信事情的真相。

克力同：但是，苏格拉底，现在你也知道，那些人的观点也要考虑的。因为你现在的情况就表明，如果那些人失去理智，他们就会无所顾忌地对任何人做极恶的事。

苏格拉底：克力同，我倒希望是这样的。我希望那些人能做极恶的事，因为这样的话，那同样他们也能做极善的事，这多好啊！但事实是他们两件事都做不了，因为他们既不能使人变聪明，也不能使人变愚钝。不论他们做什么，都只是偶然的。

克力同：好吧，我不和你争。不过，苏格拉底，请你告诉我,你不逃跑,是不是因为你要考虑我以及你的别的朋友?你担心你逃跑之后,我们会因为告密者举报我们帮你逃跑而陷入麻烦,我们会失去我们所有的财产,或者说绝大部分财产,甚至会遇到更糟糕的事,是这样的吗?现在你如果担心的是这个,那请你放心。因为只要能救你,我们愿意承担这些风险,甚至更大的风险都行。只要你能听我们的,按我说的做就行了。

苏格拉底:是的,克力同,你所说的也是我担心的一个方面,但绝不是我唯一担心的事。

克力同:别担心了,有很多人愿意把你救出监狱,并且这也花不了什么钱。至于那些告密者,他们太穷了,一点小钱就可以把他们打发了。我的钱相当多,全凭你用。如果你担心用的都是我一个人的钱,还有很多异邦人愿意给你钱;其中一个就是底比斯人西米亚,他带来了好多钱;还有克贝[1]以及别的一

---

1 克贝(Cebes),在《斐多篇》中与苏格拉底进行了大部分的讨论。

些人为了救你出去，也准备拿出他们的钱。所以，苏格拉底，别因为我们而犹豫不决了，别再说你法庭上说的那些了，说什么你去了别处就不知道怎么和自己相处。你不管去哪里，人们都会喜欢你的，不只是在雅典这样。我有很多朋友在塞萨利，如果你去那里找他们，他们会尊重你和保护你的，没有一个塞萨利人敢找你麻烦。苏格拉底，你本能挽救自己的生命，然而你却放弃求生，我认为这与公正完全不符。你这么做，你会落入敌人的手里，他们恨不得马上处死你。另外，我认为你遗弃了你的孩子。你本应该把他们抚养长大、教育他们；然而你撒手而去，不管他们，他们以后就只能靠运气了。如果他们没有得到应得的抚育，他们会恨你的。一个人如果不愿在生活和教育上对孩子负责到底，他就不该把孩子带到这个世界上来。但是你似乎是要选择那个更简单而不是更好的或更勇敢的选项。而那些宣称在所有的行为中都应该关心德行的人，比如你，似乎更应该选择后一种。当我一想到事情所有的原因都会被归结于我们胆小，我就不仅为你感到羞耻，还为我们这些你的朋友感到羞耻。你本可以不去参加审判，或者你可以换种方式说话；而最后的结果就更滑稽了，因为如果我们还有点用的话，是可以救你的，而你也是可以救你自己的，这一点都不难。但似乎由于我们的疏忽和胆小，你将被处死。苏格拉底，你看看，这样的结果对你和我们有多难过和羞耻！请做决定吧，或者说你早已决定了。因为时间来不及了，你只需做一件事就行了，并且今晚就必须做，如果再拖延的话，事情就做不成了。因此，苏格拉底，请你听我的，照我说的做吧。

苏格拉底：亲爱的克力同，如果你的热心是对的，那么就很可贵；但是如果是错的，那你越热心，危险就越大。所以，我需要考虑一下。因为我现在是，并且一直都是遵循理性的人。我相信经过思考之后，理性能给我最好的答案。现在就是使用理性的时候了，我不能说话不算数。我迄今为止遵从的原则，我仍旧会遵从它。除非我们能立刻就找到一个更好的原则，否则，就算大多数人会监禁我、没收我的财产、处死我，或者像用妖怪吓唬孩子一样恐吓我，我也不会同意你的说法。

现在我们想想，考虑这个问题最好的方式是什么？你之前说，我们要重视大多数人的意见，我们要回到这个话题上去吗？也就是说，我们要重视一些人的意见，不重视另一些人的意见。在我被判死刑之前，坚持这些是对的吗？之前被认为是对的现在就成了空话，只是一些幼稚的胡说八道？克力同，我要你帮我想想这个问题，在我当前的处境下，之前的观点是否就要变了？我是应该遵从这种变化，还是不遵从？那些有声望的人也持有我之前说的那种观点，那就是有些人的观点要重视，有些人的不用重视。克力同，至少你明天不会死——没有这种可能。因此你不应该被你的处境所限制，不要受干扰。那么我问你，当我说只有一些人的观点值得考虑，而另一些人的观点不值得考虑，这么说对吗？我问你，到底对不对？

克力同：你说的当然对。

苏格拉底：应该重视好人，而不是坏人，是吗？

克力同：是的。

苏格拉底：有智慧的人的观点是好的，没有智慧的人的观点是坏的，是吗？

克力同：确实是。

苏格拉底：那下面这个问题又怎么讲？一个人想专心于体操训练，他是要重视所有人的称赞、批评和意见，还是只是重视一个人的？比如他的老师或者教练，他应该更重视谁的？

克力同：当然只能是一个人的。

苏格拉底：那么他应该担心的是那个人的批判或者接受他的称赞，而不是别人的，是吗？

克力同：很显然是这样。

苏格拉底：那么他的行动、训练和饮食，应该按照那个懂行的师傅说的来做，而不是按照那些人的意见，对吗？

克力同：对的。

苏格拉底：如果他不服从那个内行，轻视他的意见和鼓励，反而重视那些外行的意见，他会因此遭受恶果吗?

克力同:肯定会的。

苏格拉底:那么对那个不服从的人来说,他会遭受什么恶果?受什么影响?

克力同:很显然,受影响的是身体,他的身体会受伤。

苏格拉底:非常好。在别的一些事情上不也是这样的吗?克力同,我们无须一一列举。在正义与不正义、公正与不公正的问题上,在善与恶的问题上,在我们现在讨论的这些问题上,我们是应该听从大多数人的观点、考虑他们,还是该听从懂行的人的观点?我们是不是该考虑和尊重这个人,而不是其余的人呢?如果我们弃之不顾,我们不会受伤害吗?我们为正义所改善、为不义所摧毁的那个原则,不会因此而受到伤害吗?

克力同:是的,苏格拉底,会的。

苏格拉底:打个比方,如果我们按照那些外行的观点去做,我们那能被保健所改善、被疾病所摧毁的部分，不会因此而被毁掉吗？这样的话我们还能有价值地生活吗？尤其是这个被毁掉的部分就是我们的身体。

克力同：是的，你说得对。

苏格拉底：如果我们的身体坏了，被毁掉了，这样我们还能活吗？

克力同：显然不能。

苏格拉底：我们身体中更重要的那一部分，就是为正义所改善、为不义所摧毁的那一部分。如果它被毁掉了，我们还值得活下去吗？这个东西与正义和不义有关，不论在每一个人那里是什么，我们不都是认为它比身体更重要吗？

克力同：是的，不值得。

苏格拉底：那个部分比身体重要吗？

克力同：太重要了。

苏格拉底：那么，我的朋友，在正义与不义和真理的问题上，我们就不该重视大多数人的意见，而是要重视那个懂行人的意见。因此，在正义与不义、善与恶以及荣誉与耻辱这些问题上，当你要我重视大多数人的意见的时候，你从一开始就错了。好吧，有人可能会说，大多数人可以杀了我。

克力同：是的，苏格拉底，事情就是这样啊。

苏格拉底：你说得对。不过我认为之前的观点仍旧有效。我想知道，我是否还可以那样说，那就是最重要的不是活着，而是活得好？

克力同：可以这么说。

苏格拉底：活得好和活得正直、活得受人尊敬是一回事吗？

克力同：是一回事。

苏格拉底：基于上面的说法，我想讨论一下在没有雅典公民许可的情况下，我是否可以逃走。如果我发现这样做是对的，我会去做；但如果不是，我会打消这种想法。你提到的那些想法，关于钱财、名声以及小孩的教育，这些都只是大多数人的想法。如果可以的话，他们能救人性命，但是他们也同样会毫无缘由地把人处死。基于以上讨论，我们现在唯一要考虑的问题是：我自己逃跑，或者别人出钱帮我逃跑，我以后再还他们钱并感谢他们，这么做正当吗？或者说不这样做才是正当的？如果后者才是正当的，那么无论是死亡还是别的可能发生于此的灾祸，都不该纳入我们的考虑范围。

克力同：苏格拉底，你说得对，但接下来我们怎样做呢？

苏格拉底：我们一起来看看这个问题。要是你对我的论点有异议，你可以反驳我，我会听你说的；但如果你没有异议，就别一直对我说，让我违背雅典人的意愿逃跑。我很看重你对我的劝告，但是如果我有更好的决定，你是不能说服我的。现在就请你考虑我之前的立场，尝试怎样才能更好地回答我。

克力同：我会的。

苏格拉底：我们是不是说过，我们绝不故意做坏事，还是说在某些情况下我们不做坏事，在另一些情况下可以做坏事？或者如我刚刚说的，也是众人都认可的，做坏事始终是恶的和可耻的？难道所有过去几天说的那些主张现在就不算数了?我们这辈子和别人真诚交谈,但你我都这把年纪了,还没发现我们并不比孩子强?不管众人怎么想,也不管结果是好是坏,我们难道不该坚持我们之前的观点吗?那就是对于做不义之事的人来说,不正义总是恶的和可耻的。我们可以这么说吗?

克力同:可以。

苏格拉底:那也就是说我们不能做坏事了?

克力同:当然不能。

苏格拉底:那么,我们就不能像大多数人想的那样,当受到伤害时就伤害回去,因为我们不能伤害任何人,是这样的吗?

克力同:是的,不能。

苏格拉底:还有,克力同,我们可以行恶吗?

克力同:当然不可以了,苏格拉底!

苏格拉底:那么以恶制恶呢?这可是大多数人的道德信条,这样做是否正义?

克力同:不正义。

苏格拉底：是因为对他人行恶和伤害他人是一样的吗？

克力同：嗯，确实如此。

苏格拉底：那也就是说，对于任何人我们都不能以恶制恶，即便他曾对我们作过恶，我们也不能报复他。克力同，不过我希望你想想，你是否明白你在说什么。因为绝大多数人都还没有这种想法，以后也不会这么想。那些这么想的人和那些不这么想的人没有什么共同的主张。当他们看见对方如何不同之后，只会瞧不起对方。那么请你告诉我，你是否同意我之前的那个原则，即伤害他人、报复他人、以恶制恶都是不正义的。我们可以把这点作为我们讨论的前提吗？还是说你反对，你不同意这点？如果你有别的想法，那就告诉我你怎么想的，因为我一直以来都是这么想的，以后也会这么想。如果你的想法和我之前的是一样的，那我就继续了。

克力同：我还跟以前是一样的，你可以继续。

苏格拉底：那么我们继续。这点可以用下面这个问题来表达：一个人应该知行一致吗，还是说他可以知行不一？

克力同：应该知行一致。

苏格拉底：如果这样是对的，那么如果我违背雅典人的意愿离开监狱，我就对他们做了坏事吗，或者说我只有对那些不该遭逢坏事的人做了坏事，才算是做了坏事吗？对于之前被我们视作正义的原则，我要弃之不顾吗？你怎么看？

克力同：苏格拉底，我没法说，因为我不懂。

苏格拉底：那你这样想。假设我要逃离监狱（你想用哪个词都行），这时法律和政府会站出来质问我："苏格拉底，说，你要干什么？任你狡辩，你这不是要以你的行为来推翻我们吗，推翻法律和整个城邦？在一个城邦里，如果法律的判决失去效力，被每个人轻视和践踏，你认为这个城邦还能维持下去而不被推翻吗？"克力同，对类似这样的问题我们应该怎么回答？任何人，尤其是那些演说家，他们都说法律的判决必须被执行，他们会说法律不该被轻视。难道我们要这样回答:"你说得对,但是这个城邦伤害了我,它给了我一个不公的判决。"我们要这样说吗?

克力同:苏格拉底,我们就是要这样说。

苏格拉底:那么法律就会问了:"这是我们之间的协议吗?你不是要遵守国家的裁决吗?"如果我对此表示惊讶的话,法律接着就会说:"苏格拉底,别只是惊讶,回答我们的问题,你不是惯于使用问答法吗?给我们说说,你有什么委屈,竟然使得你想要推翻我们,颠覆城邦?首先,不是我们把你带到这个世界上的吗?你的父亲和母亲在法律的见证下结婚,然后才有了你。对那些关于婚姻的法律,你是否有什么不同意见?"我会回答说,没有。法律会接着问:"那对于那些负责小孩的抚养和教育的法律,你自己也身受其惠,你有意见吗?你父亲在音乐和体育上训练你,不正是因为这些负责教育的法律要求他这么做的吗?"我会说,是的。法律又说:"那好,是我们把你带到这个世界来的,也是我们抚养、教育了你。最初你只是我们的孩子或奴仆,就像你父亲那样，这你能否认吗？如果你承认，那你和我们的地位就不平等，你也不能认为你和我们有一样的权利。就因为你被你父亲或者主人处罚，或者承受了他们做的某种暴行，你就认为你有权利以恶制恶或者以暴制暴？你不可以这么想。因为我们有处死你的权利，你就认为你有推翻我们的权利，或者颠覆国家的权利？哦，你这个鼓吹美德的人，你要坚持说这么做是正义的吗？有哪位哲学家像你一样，不知道我们的国家比父母以及祖先还要重要和神圣？不知道在神和有识之士那里，国家要重要得多？对于盛怒之中的国家，你要温顺而虔诚地服从它，甚至要超过对你父亲的尊重；你要听它的，如果不能被它说服，那得唯命是从。当我们被它处罚的时候，监禁也罢，鞭笞也罢，我们要毫无怨言；如果需要为它出战，并可能因此受伤，甚至失去生命，我们也要服从命令，任何人都不能投降、撤退或者当逃兵。不论是在战场上，还是在法庭上，或者任何别的地方，我们都要照城邦或者国家说的做。要是不这样做的话，你就得以正义来说服他们。如果一个人不能以暴力来对待他的父母，那就更不能这样对待他的国家。"克力同，你认为法律说的对不对？我们要怎样回答？

克力同：我认为法律是对的。

苏格拉底：那么法律会说，"苏格拉底，你想想，如果我们说的是对的，那么你现在想要做的其实是在伤害我们。因为我们把你带到这个世界，抚养你，教育你，给予你和别的雅典人一样的好处；我们还给任何一个雅典人提供自由。当他成年之后，他了解这个城邦的各种东西，如果他发现他不喜欢我们，那么他可以离开城邦。他可以带上他的财产，去任何他想去的地方。没有哪条法律会禁止他，或者干涉他。任何人，如果他不喜欢我们，不喜欢这个城邦，他想移居到别的殖民地或者城邦。那他可以带上财产去任何地方。但是，如果他了解城邦如何执行法律、如何进行管理之后还留在城邦，那他实际上是同意了一个默认契约，他就不能违背我们的命令。如果他违背了，照我说，他就犯了三个错误：首先，违背我们其实就是违背他的父母；其次，他的教育是我们提供的；最后，他已经和我们达成协议，他会完全履行我们的命令。如果既不履行命令，又不以道理说服我们，那么他就是不义的。我们并不是粗鲁地强迫他服从，是给他选择的。他要么履行命令，要么以道理说服我们。我们给他这两个选择，如果他都不做，那就是不义。苏格拉底，如果你想逃跑，如果你去做了，那么我认为你比别的雅典人更应该受指控。"

如果我逃跑了，为什么我会比别人更该受指控？那么法律会公正地回答我，因为我比别人更加承认人和城邦之间的协议。"苏格拉底，有充分的证据表明，你一点都不讨厌我们和城邦；因为你从来没有离开过城邦。在所有雅典人之中，你是那个最愿意待在城邦里的人，这可以看作你爱这个城邦。因为你从来没有离开过城邦去看比赛，除了有一次去地峡[1]看比赛。并且除了服兵役，你也没有去过别的地方；

---

[1] 地峡（Isthmus），是指科林斯地峡，这是连接希腊半岛和伯罗奔尼撒半岛的陆上桥梁。

你从来没有像别人那样去旅行。你对别人的城邦以及他们的法律毫无兴趣,因为你已经满足于我们的城邦。这是你最爱的城邦,你已经默认我们对你的统治。在这个城邦,你生育了孩子,这也是你对城邦满意的证据。此外,在审判的时候,如果你想的话,你可以选择以驱逐作为惩罚。虽然现在城邦不允许你走,但是当时城邦是允许你离开的。可你当时装模作样,说宁愿死也不愿被驱逐。你说你不怕死的,而现在你就忘了这些话了。你不尊重法律,想要破坏法律;你要逃跑,违背你作为一个城邦公民和城邦之间的协议,这简直就是最下贱的奴才才会做的事。请首先回答我这个问题:你要在行为上,而不是嘴上服从城邦。我们可以这么说吗?这样说对不对?"克力同,我要怎么回答?我们不同意这种说法吗?

克力同:苏格拉底,没办法,我们得同意。

苏格拉底:那法律会这样说吗?"苏格拉底,你是在自愿的情况下和我们达成的协议,你没有丝毫犹豫,也没有被逼迫或者被欺骗,并且现在你打算不遵守这些协议。而你之前有 70 年的时间来思考，在这期间，如果你不满意，或者觉得协议不公平，你可以自由地离开城邦。你可以自由地决定，去斯巴达或者去克里特[1]，你经常夸这两个城邦的管理很好；或者去别的希腊城邦，离开希腊也行。但是，你似乎比所有雅典人都要喜欢我们这个城邦，或者换句话说，喜欢城邦的法律。（谁会喜欢没有法律的城邦呢？）你从来没离开过城邦，比那些瘸子、瞎子以及别的残疾人都更愿意待在城邦里。现在，你却要违背协议，逃离城邦。苏格拉底，如果你听我的劝告的话，就别这么做，别逃跑，这样会使你沦为笑柄的。

"你想想，如果你犯了这样的错，这会给你和你的朋友带来什么好处吗？很明显，你的朋友会被驱逐，他们的公民权和财产也会被剥夺。而对于你，如果你逃到邻近的城邦，比如说治理得很好的底比斯

---

[1] 苏格拉底之所以对这些城邦表示赞赏，是因为它们对法律和秩序的尊崇。而它们是寡头政治这一事实，则为他的反对者提供了又一个政治把柄。

或者麦加拉[1],苏格拉底,他们会把你视作敌人的。他们的政府会反对你,那里所有的爱国者也都会视你为法律的颠覆者。在法官的心中,他们会认为你的行为证实了他们的判决。因为法律的破坏者更有可能毒害青年和那些无知的人。你还想要逃离治理得很好的城邦和那些有德行的人吗?如果你还继续做的话,你还值得活着吗?苏格拉底,或者说你可以毫无羞耻地去往别处,不知廉耻地大谈特谈?你要说些什么?你还要给他们说你在这里说的那些?说什么美德、正义、制度以及法律是至高无上的?你觉得这样正当吗?绝不正当!如果你逃离我们这个有序的城邦,去找克力同在塞萨利的那些朋友,那个地方简直无法无天,他们只想听你逃跑的故事,只关心那些可笑的细节,比如你是披着羊皮还是别的什么东西逃跑的。难道不会有人告诉你,说你这么一大把年纪了,已是将死之人了,却为了苟延残喘而践踏神

---

[1] 麦加拉(Megara),雅典附近的城邦。

圣的法律？如果你讨好他们的话，可能不会有人这么说；但是一旦他们对你生起气来，你会听见很多让你无地自容的话。你可以继续活着，但是会活得怎样呢？当一个马屁精，还是当一个奴才？这样活着做什么？就在塞萨利吃吃喝喝，似乎就是去那儿赴宴的？你关于正义和德行的那些东西跑哪儿去了？你逃跑是为了你的孩子，你想要把他们抚养长大，教育他们，那你要把他们带到塞萨利去吗？剥夺他们作为雅典公民的公民权？这就是你要给他们的好处？你认为你带着孩子去了塞萨利，当你死在那里，你的孩子也能被照顾好，也会受到很好的教育？难道你不知道，只有你是塞萨利的人，他们才会照顾你的孩子？如果你是别的城邦的人，他们不会管你的孩子的，决不会的。当然，如果你的那些朋友真的很好，那么他们会照顾你的孩子的，很显然他们会。

那么，苏格拉底，我们把你养育大，你要听我们的。不要考虑你的生命和孩子胜过考虑正义，而应该优先考虑正义，这样你在冥界才有理可说。如果你照克力同说的做，你这一生不会比现在更幸福的，也不会更神圣和正义，哪怕死后也不会。如果你现在无辜死去，那你就是受害者而非作恶者；但这并不是法律做的，而是那些人做的。如果你现在逃跑了，以恶制恶，以牙还牙，违反你与我们之间的协议，伤害那些你不应该伤害的人，也就是伤害你自己、你的朋友、你的国家，以及我们；那么当你活着，我们会对你感到愤怒，当你死后，作为我们的兄弟，冥界的法律也会视你为敌人。因为他们知道你曾费尽心力地要摧毁我们。因此，别听克力同的，听我们的。"

亲爱的克力同，我似乎听见这些话在我耳畔回响，就像那神秘的长笛声；这个声音在我耳畔久久不息，它让我听不进别的话。因此你说什么都是徒劳的。不过如果你还想再讲些什么，请讲。

克力同：苏格拉底，我无话可说。

苏格拉底：克力同，那就让我去完成神的旨意吧，让我去追随他。

斐多篇

斐多篇

对话中的人物:斐多(和费利奥斯[1]的伊奇克拉底[2]讲话的那个口述者),苏格拉底,阿波罗多洛斯,西米亚,克贝,克力同以及监狱的看守。

场景:关押苏格拉底的监狱。

讲述地:费利奥斯。

伊奇克拉底:斐多,苏格拉底饮下毒酒的那天,你自己[3]在场吗?

---

1 费利奥斯(Phlius),《斐多篇》对话发生地,在伯罗奔尼撒,是一个口岸。
2 伊奇克拉底(Echecrates)是费利奥斯人,斐多身处费利奥斯,给费利奥斯人伊奇克拉底讲述苏格拉底死前的事。
3 直译是"你是你自己吗",在柏拉图的对话集中,"自己"指的并不是一个人的身体,而是指一个人的灵魂,这也与本篇对话的另一个名字《论灵魂》相符合。

斐多： 是的，伊奇克拉底，我在场。

伊奇克拉底： 我很想知道苏格拉底是怎么死的，以及在他最后的时光里，他说了什么。我们都只听说他是服毒而死，但没有人知道更多了。因为最近没有费利奥斯人去雅典，并且我们这里很久都没有从雅典来的人，因此我们对具体情况还不清楚。

斐多： 你们连他受审的过程都不知道吗？

伊奇克拉底： 不，我们听过，有人给我们说过。只是我们不能理解，为什么他被判死刑之后没有被立即处死，而是隔了很久才被处死，这究竟是为什么呢？

斐多： 伊奇克拉底，这只是一个巧合。在苏格拉底受审的前一天，雅典人派往提洛的船尾恰好装饰完成，挂上了花环。

伊奇克拉底： 那是条什么船啊？

斐多：据雅典人说，那是忒修斯[1]带着7对童男童女去克里特岛时乘的船。这条船是那14个青年和忒修斯的救星。雅典人说，他们当时向阿波罗发誓，

---

[1] 忒修斯（Theseus）是雅典国王埃勾斯（Aegeus）的私生子。当克里特（Crete）的国王弥诺斯（Minos）进攻希腊时，雅典人遵照阿波罗（Apollo）的神谕求和，答应每9年送7对童男童女到克里特做贡品。弥诺斯得到这些童男童女后，便将他们关进克里特的迷宫，用来喂养自己的牛头怪儿子弥诺陶洛斯（Minotaur）。弥诺陶洛斯是弥诺斯因得罪海神波塞冬（Poseidon）而受罚生下的怪物，残暴且喜食儿童的嫩肉。忒修斯为了让雅典人不再失去自己的子女，主动请缨，决心亲自前往克里特杀死弥诺陶洛斯。在出发前，忒修斯与父亲约定：如果返航时挂黑帆，便表示自己失败了；如果挂白帆，则表示自己成功杀死了牛头怪。忒修斯来到克里特岛后，得到了弥诺斯国王的女儿阿里阿德涅（Ariadne）的帮助。阿里阿德涅给了忒修斯一把剑和一团线，让他用线标记迷宫的路径。最终，忒修斯成功杀死了弥诺陶洛斯，并顺利逃出了迷宫。在返回雅典的途中，船队在一座海岛停留时，酒神狄俄尼索斯（Dionysus）带走了阿里阿德涅。忒修斯因此非常难过，以至于忘记了将黑帆换成白帆。当他的父亲埃勾斯看到远处的船只上仍挂着黑帆时，以为儿子已经被牛头怪杀死，悲痛之下绝望地投海自尽。国王埃勾斯跳海自尽的地方，就是今天的爱琴海（Aegean Sea）。

如果忒修斯和那些青年得救，那么他们每年都会派使者去提洛朝拜。现如今这个习惯一直都在，并且，从阿波罗神庙的祭司给船挂上花环开始，在朝拜的船往返于提洛的整个期间都是神圣的。在这期间，城邦乃是圣洁的，不允许处决犯人。如果路上遇见逆风的话，船只就会被耽搁，进而往返所需的时间就会相当长了。我不是说了吗？这个船在审判前一天挂上了花环，这就是为什么苏格拉底在被判死罪之后没有被立即处死，而是在监狱里待了很久。

伊奇克拉底：斐多，苏格拉底死时的情况是怎样的呢？他说了什么话，又做了什么事呢？他的朋友中有哪些在他身边呢，还是说当局禁止他的朋友在那里，所以他死的时候周围没有一个朋友？

斐多：没有禁止，他的一些朋友在他死的时候陪着他。

伊奇克拉底：如果你不忙的话，我希望你能告诉我当时发生了什么，越详细越好。

斐多：我一点都不忙，我也愿意满足你的愿望。

因为对我来说，不论是我自己谈论苏格拉底，还是听别人谈起他，只要能让我回忆起苏格拉底，总是让我非常快乐。

伊奇克拉底：你的听众和你想的是一样的，因此，我希望你能尽量讲得详细些。

斐多：刚开始，在苏格拉底身边时，我有一种很特别的感觉。因为，我很难相信我是在一个即将被处死的朋友那里，并且，我对他竟然没有丝毫的怜悯之情。伊奇克拉底啊，苏格拉底对他的死竟没有丝毫的恐惧，他的言行举止还是那么高贵和优雅，以至于我甚至觉得他似乎很幸福。我觉得，在去往另一个世界这个事情上，苏格拉底都不需要那个神圣的召唤。并且我觉得，当他到达另外那个世界时——当然，如果人们真的能到达那个世界的话——他一定会很快乐。因此，我并不怜悯苏格拉底，至少在这样一个时刻，我并没有人们应该要有的那种很自然的怜悯之情。那天我们讨论的主题是哲学，不过，我也没有那种通常在哲学对话中可以感受到的愉悦。我很高兴参与讨论，但我一想到苏格拉底就快死了，高兴中就会掺杂某种难以言说的痛苦。当时在场的每一个人都有这种矛盾的感情。我们一会儿笑，一会儿哭。特别是阿波罗多洛斯，你知道他是怎样的人吧？

伊奇克拉底：是的，我了解他这个人。

斐多：他几乎不能控制他自己，而我以及别人也都是非常激动。

伊奇克拉底：当时在场的都有谁呢？

斐多：雅典本地人除了阿波罗多洛斯，还有克力同布洛和他父亲克力同、赫尔墨根尼、艾比根、艾斯基尼、安提西尼，还有培阿尼亚的克特西普、美涅克赛努，以及其他几个本地人。如果我没记错的话，柏拉图没在，因为他那时生病了。

伊奇克拉底：有异邦人吗？

斐多：有啊！有底比斯的西米亚，还有克贝和斐冬得斯，另外还有麦加拉的欧几里得和忒贝松。

伊奇克拉底：阿里斯提波和克莱俄布洛没在？

斐多：是的，没在。听说他们去爱琴那岛[1]了。

伊奇克拉底：还有人吗？

斐多：应该就这些了吧。

伊奇克拉底：好吧！那你们都说了些什么呢？

斐多：我想从头讲起，尽量把整个对话都说给你听。苏格拉底被关押的那些天，通常我们习惯一大早就聚在法院那里，就是那个审判苏格拉底的法院，它离关押苏格拉底的监狱很近。由于监狱开门不是很早，通常我们会在那里讨论，直到监狱开门，我们才进去。大多数时候我们会在那里和苏格拉底度过一整天。最后一天早上，我们比平时还要早就已经聚在那里了。因为前一晚我们离开监狱的时候，就听说朝拜的船已经从提洛回来了，所以我们就约定一大早在老地方集合。我们到的时候，看门的狱守没有立即让我们进去，而是出来告诉我们，让我们等着，他叫我们，我们才能进去。他告诉我们："那十一位

---

1 爱琴那岛（Aegina Island），又译作埃伊纳岛，是爱琴海一系列岛屿中最著名的岛屿之一，也是距离雅典最近的一个。

法官现在和苏格拉底在一块儿呢,他们在给苏格拉底解锁链,向他传达命令,告诉他今天就要被处死了。"不一会儿,狱守就回来通知我们可以进去了。一进去我们就看见了苏格拉底,他才卸掉锁链;还有克珊西帕[1],你认识她的,她坐在苏格拉底边上,抱着他们的孩子。像一个妇人家会做的那样,她一看见我们就哭着说:"哦,苏格拉底啊,这是你和你的朋友们最后一次交谈了!"苏格拉底转向克力同说:"克力同,让人把她带回家吧!"于是,克力同的仆人就把克珊西帕带走了,她边走边哭,捶胸顿足。克珊西帕走了之后,苏格拉底就从床上坐了起来,盘起腿,一边揉着腿一边说:"愉悦这种东西真是奇怪啊!神奇之处在于,它竟和它的反面痛苦联系在一块儿。因为它们虽然从来不会同时出现在一个人身上,但是如果谁想要得到其中的一个的话,就又会被推向另一个。它们就像是两个身体,却被一个脑袋给连在一

---

[1] 克珊西帕(Xanthippe),苏格拉底的妻子,以性情急躁和泼辣著称。在后世文学中常被用来形容"爱唠叨的妻子"。

块儿。我不禁会想,如果伊索也能想到这点的话,他一定会写这样一个寓言,说神想要平息它们之间的争斗,当神发现不能平息时,就把它们的头连在了一起。这就是为什么人们得到其中一个的时候,另一个接着也就来了。就我自己现在的体验而言,锁链让我的腿疼痛,而这之后,愉悦似乎也要来了。"

这时,克贝插嘴说道:"苏格拉底,很高兴你提到了伊索的名字。因为这倒让我想起了一个问题。你从来没写过一行诗,可现在你在监狱里又把伊索的寓言翻译成诗,还作诗颂扬阿波罗,这是为什么呢?很多人都在问这个事儿,前天厄文努斯还问了我呢。他肯定还要再问我,因此,如果你希望我回答他的话,也请你告诉我,我该和他说些什么呢?"

苏格拉底说:"克贝,那你就告诉他实情吧。我这么做并不是想和他或者他的诗一较高下,因为我知道这并不容易啊。我这么做,是因为我在揣摩某些梦的意义,这些东西让我忧心,我不知道我能否消除我心里的那些担忧。在我的生命中,我时常在梦里得到这样的启示:我应该进行音乐创作。我总做着同样的梦,虽然它们形式不一,却总说着同样的或者大致一样的话:'培育音乐吧!创作音乐吧!'以前我觉得这个梦只不过是在劝勉我进行哲学研究,因为它是高雅的音乐,也是最动听的音乐,而这也已经是我生命的追求了。这个梦督促我去做我已经在做的事情,就如同观众给正在跑步的选手打气加油一样。不过我也不确定,因为梦里的音乐可能只是指通常意义上的音乐。好了,现在我被判了死刑,又因为节日而有一个缓刑机会。为了消除我心底的担忧,我想我应该遵从梦中的指示,在我启程去另一个世界之前,创作一些真正的诗句。我首先作了一些诗,用它们来颂扬这个节日的神[1]。然后我觉得吧,真正的诗并不只是简单地堆砌词语,而更应该是创造故事。而我首先能想到的就是《伊索寓言》了。于是,我就

---

[1] 这个节日就是指去提洛朝拜阿波罗,这个神也就是指阿波罗。

把手头有的《伊索寓言》翻译成了诗。克贝啊，你就把这些告诉厄文努斯吧，替我向他道别，让他高兴些。告诉他，如果他还是一个聪明人的话，就快跟着我来吧。看来我今天就要走了，因为这是雅典人的命令。"

这时西米亚说："苏格拉底，你给他的这是什么建议啊！我和他见过好几次的，据我对他的了解，我敢肯定，除非强迫他，否则他绝不会听你的。"

苏格拉底说："为什么不会？厄文努斯不是哲学家吗？"

西米亚说："我想他是哲学家。"

"那么他会乐意跟我走的，因为任何有哲学精神的人都乐意。当然，他不该自杀，因为这是不被允许的。"

说到这里，苏格拉底换了个姿势，把脚从床上踩到地上。余下的时间里，苏格拉底一直是坐着的。

克贝问："你说人不能自杀，但是哲学家又愿意追随死去的朋友，你为什么这么说呢？"

苏格拉底回答说："克贝、西米亚，你们不是菲洛劳斯[1]的学生吗?你们没听他说过吗?"

"听过,苏格拉底,但是他说的话太难懂了。"

"我也是听别人说的。不过我可以把我听到的再说一遍,因为我就要去另一个地方了。而这次朝圣的本质是什么呢?我想也是时候想想这个事,谈谈我的看法了。毕竟从现在到太阳落山,这中间我还能做什么呢?"

"苏格拉底,那你就告诉我吧,为什么自杀是不被允许的呢?以前我住在底比斯的时候,就听菲洛劳斯说过这话,这你刚刚也问过了,还有别人也说过这样的话,但我从来不知道他们说的是什么意思。"

苏格拉底说:"别灰心,有一天你会懂的。不过我猜,你觉得奇怪的是,为什么有些不好的东西在特定的时候对特定的人来说是好的?死亡就是一个特例,也就是说,你觉得奇怪的是,既然死亡对人来说是好的,

---

[1] 菲洛劳斯(Philolaus),是古希腊著名的哲学家,毕达哥拉斯学派的重要代表人物之一。该学派主张灵魂不死以及灵魂会转世轮回。

为什么人们不能自杀,而只能等着别人来处死他?"

克贝笑着用他的方言说:"就是说啊,很奇怪啊!"

"我承认我刚刚讲的那些,表面上可能有矛盾,不过事实上并不矛盾。有一种秘密流传的说法,说人是一个没有权利破门而逃的囚犯。这其中高深的教义我也不是完全理解。不过我也认为诸神是我们的守卫,我们是他们的财产。你同意这种说法吗?"

克贝说:"是的,我完全同意。"

"那好,如果你自己的财产,比如说你的牛或者驴,当你还没有允许它死的时候,它就擅自把自己毁灭,你会对此感到愤怒吗?如果可以的话,你会惩罚它吗?"

克贝说:"当然会了!"

"那好,我们再来看看这个问题,一个人不能自杀,只能等着神灵的召唤,这应该也是有道理的吧。就像他现在在召唤我一样。"

克贝说:"是的,苏格拉底,你说的似乎有道理。不过,你说诸神是我们的守卫,我们是诸神的财产；然后又说我们乐意去死，这是哲学家的特质，你怎么调和这中间的矛盾？因为，既然诸神是最好的主人，并且人们又由他们来看护，而最聪明的人却甘愿离开这最好的主人，这么说不合理啊！因为只有愚人才会觉得他能比诸神更好地看护自己。愚人不会认为他们对神有终生义务，不会觉得不能逃离诸神，也不会觉得逃离其实是不会有什么意义的。于是他们会认为最好还是逃离主人吧！因为聪明的人会一直待在比自己优秀的人身边。苏格拉底，这和你刚说的恰好相反啊！因为根据这种观点，临死的时候，聪明人会难过，因为他们会离开诸神给予的更好的看护，愚人才会高兴。"

听了这话，苏格拉底似乎被克贝给逗乐了，然后就转向我们大家说："克贝这个人吧，总喜欢追问，听到什么都不轻易信服。"

西米亚接着说："确实是，苏格拉底，我也觉得克贝说得似乎有道理。因为一个聪明人怎么会抛弃比他还优秀的人？怎么会轻易地离开他的主人？其实我觉得克贝说的是你,因为你就要离开我们了,就要离开诸神了,离开我们大家的好主人了。"

苏格拉底说:"是,你们这么说有你们的理由。那你们是希望我能像在法庭上那样来回应你们的指控了?"

西米亚说:"是的,我们都希望你能那样!"

"那我一定向你们做一番更有说服力的申辩,比我在法官面前的申辩还有说服力。西米亚、克贝,首先,我相信我将去往智慧又善良的神那里,对此我非常确定;其次,已经去到那里的人比这里的人更优秀(虽然这点我不是那么确定),如果不是这样,那我承认死亡确实会让我感到悲伤。然而,因为我坚定地相信,在那里已经为死去的人准备了一些东西,就像老话说的,留给好人的东西比留给坏人的东西更好,所以我不会为死亡感到悲伤。"

西米亚问:"那么,苏格拉底,你的想法是什么?你打算把你的想法一同带走吗?你不打算告诉我们?你应该告诉我们的,因为我们有资格分享这个好东西。此外,如果你能说服我们,那我们会把它看作你对自己的申辩。"

苏格拉底说:"那我尽量试试吧。不过我们先听听克力同想说什么吧!他似乎憋了好久了。"

克力同说:"苏格拉底,我只有一件事要说。待会儿要把毒药给你的那个人让我转告你,他让你不要讲太多话;如果你讲得太多,你的身体会热起来,这很容易影响毒药的效果,这样的话你就得服两剂毒药,甚至是三剂。"

苏格拉底说:"这是他们的事,如果真的需要,那就让他们先准备好,两剂还是三剂都无所谓。"

克力同说:"我知道你准会这么说,但是他们纠缠我好一会儿了。"

苏格拉底说:"别理他们。我的法官们,现在我要向你们说明,真正的哲学家,当他快死的时候,他是有理由高兴的,并且在死后的那个世界,他会获得最大的善。西米亚和克贝,我会尽力向你们解释清楚的,让你们知道这是怎么回事。许多人误解哲学家,认为他们不是在追求死亡;但是正好相反,真正热爱哲学的人总是在追求死亡。他们一生都渴求死亡，因此当他们一直追求和渴望的实现的时候，你们认为他们会抱怨吗？"

西米亚笑着说："苏格拉底，我知道你不是在讲笑话，但是你确实逗乐了我。因为很多人听你这么说，他们也会觉得你对哲学家的描述很对；我们城邦的人很可能还会说，哲学家确实是渴求死亡的，并且他们相当清楚哲学家配得上死亡。"

苏格拉底说："他们的这种想法是对的，不过他们并不是真的清楚。因为他们并不清楚与哲学家般配的那种死亡是什么，不知道哲学家是怎样和死亡般配的，也不知道哲学家是怎样渴求死亡的。不过我们别管他们了，现在我们来讨论这个问题吧！你们认为有死亡这回事吗？"

西米亚担起了回答问题的角色，说："肯定有！"

"死亡是灵魂与肉体的分离吗？死就是这个过程的完成，当灵魂和身体相互分离，灵魂单独存在，这就是死，是吗？"

他说:"就是这样。"

"还有一个问题,如果我们能对此达成一致,这将有助于我们解决此刻探讨的问题。这个问题就是:如果饮食也能算得上快乐,你认为哲学家应该关心这种快乐吗?"

西米亚回答说:"当然不应该。"

"那么男女之爱呢?哲学家应该关心这个吗?"

"绝对不应该!"

"那么别的肉体方面的享受呢?比如昂贵的衣服、鞋子和饰物等,你认为哲学家应该关心这些东西吗?或者说与此相反,一旦超出基本需要,哲学家就该轻视那些东西?你认为呢?"

"是的,真正的哲学家应该轻视这些东西。"

"哲学家应该关心的是灵魂而不是肉体,并且他要尽其所能地摆脱肉体,关心灵魂,这是你的意思吗?"

"是的。"

"那么在这个问题上,哲学家应该尽力使灵魂摆脱肉体的纠缠,而且他在这方面的努力要超过所有人,是这样的吗?"

"是这样的。"

"西米亚,不过除了哲学家之外的人都是这样想的,他们认为,如果没有感官的愉悦以及肉体的快乐,那就不值得活;那些不关心肉体和感官快乐的人,和死人没有什么区别。"

"他们确实是这样想的。"

"那在获取真知的问题上是怎样的呢?如果我们借助身体进行考察,身体会是障碍还是帮助?我的意思是说,眼睛和耳朵能提供真知吗?还是说就像诗人们讲的那样,眼睛和耳朵是不可靠的?如果眼睛和耳朵都是不可靠的、模糊的,那么其余的感官就更不可靠了,因为我们知道眼睛和耳朵是感官中最可靠的。你同意吗?"

他回答说:"当然同意。"

"那灵魂在什么时候可以获得真理?毕竟当灵魂借助肉体的时候,它总是被欺骗。"

"是这样的!"

"那么如果可以发现真理的话，难道不是通过思考来发现的吗？"

"是的。"

"当灵魂集中自己，不受诸如听和看、痛苦和愉悦影响的时候；当它摆脱肉体，尽量不受肉体影响的时候；当它摆脱肉体的感官和欲望，专心研究真正的存在的时候，这是灵魂最能思考的时候。"

"的确是。"

"那么在这方面，哲学家是蔑视他的身体的。也就是说，他的灵魂要摆脱肉体，只依靠它自己来保持独立。"

"是这样的。"

"那好，西米亚，还有一个问题：是否存在绝对的正义？"

"当然存在。"

"那绝对的美和绝对的善呢？"

"也存在。"

"不过，你曾亲眼见过它们吗？"

"显然没有。"

"你曾用别的肉体感官感受过它们吗?我说的不只是上面的那些,还有绝对的大、健康、力量以及每件东西的本质。你曾凭借你的感官感受到它们的本质吗?或者说相反,只有那些凭借理智的人,由于对于每一样他们关心的事物的本质,他们都有一个最准确的概念,因此对于这些关于本质的知识,他们有最接近的方式,是这样的吗?"

"确实是这样的。"

"在思考时,不把眼睛或者别的感官与理性混杂起来,只用干净的心灵来探究事物本质的人,才能获得最纯粹的知识。这种人将眼睛、耳朵以及整个身体看作干扰因素,因为这些东西会污染灵魂,使灵魂不能获得真知,所以他只有尽可能摆脱这些东西,才有可能获得真知,认识实在。是这样的吗?"

西米亚回答说:"苏格拉底,你说得太对了。"

"如果真正的哲学家考虑到上面那些事,那么他们就会反思,然后说出这样的话:'我们找到了一条正确的道路。从这条道路我们似乎可以得出这样的结论：当我们的灵魂还在肉体之中，也就是当我们的灵魂被肉体的恶污染之后，我们对于真理的愿望就不能被满足。因为对我们而言，光是肉体对食物的需求就可以给我们带来无尽的麻烦；此外疾病还总是袭来，阻碍我们研究真理；肉体只会让我们充满各种感情、欲望、恐惧，还有各式的幻想以及无尽的愚妄，并且正如人们所说，它夺走了我们思考的能力。从肉体和肉体的愚妄中只会导致战争、纷争以及分裂。比如战争，它的产生就是源于对金钱的欲望，而获得金钱只是为了满足肉体的欲望。因为这种种阻碍，我们将没有闲暇研究哲学。最糟糕的是，即便我们有闲暇，想要集中思考，这时肉体总是引起喧嚣和混乱，打断我们，不让我们瞥见真理。凭经验我们已经知道，如果我们想拥有关于任何事物的纯粹知识，那我们必须舍弃肉体，让灵魂专注于事物本身；只有这样才能获得我们渴求的真理，也才能说我们是真正热爱真理的人。而这在活着的时候是不可能的，只能是死后。因为只要灵魂和肉体纠缠在一起，灵魂就不能拥有纯粹的知识。因此只能是这样的情况：要么根本不可能获得真理，要么只能死后才可能获得真理。因为只有到那时，灵魂才会和肉体分离而独立存在。在今生，我认为只有当灵魂与肉体的关系最弱的时候，只有当我们不沉溺于肉体的欲望的时候，我们才最接近真理。因此我们要保持纯粹，直到神解放我们。只有摆脱肉体的愚妄，我们才能成为纯粹的人，才能与纯粹的人交流，才能认识真理。因为不纯粹的人是不能通往纯粹的领域的。'西米亚，真正热爱真理的人一定会这样想、这样说。你同意我的观点吗，还是说你不同意？"

"苏格拉底，毫无疑问，我同意你的观点。"

"我亲爱的朋友，如果真是这样，那么当我人生走到尽头，即将去往归处时，我就很有理由盼望得到追求一生的东西。因此我会为选择这条路而高兴。此外，如果一个人坚信他自己将这样被净化，那么这个人一定会为此而高兴。"

西米亚回答说:"确实如此。"

"正如我前面说的,所谓的净化就是指灵魂与肉体的分离,使习惯于肉体的灵魂集中自身,回到自身,固守在自身之内。因此活着时也要像死后一样,要尽可能使灵魂摆脱肉体的枷锁。是这样的吗?"

他说:"正是这样。"

"而灵魂与肉体相分离,从肉体中解脱出来,这不就是我们说的死亡吗?"

他说:"确实。"

"那么,真正的哲学家一直在寻求灵魂的解脱,并且他们是唯一这么做的人。那么他们所研究的,不正是如何使灵魂与肉体相分离,使灵魂从肉体中解脱出来吗?"

"是这样的。"

"那么,就像我起初说的,如果一个人活着的时候一直在研究如何尽量接近死亡,而当死亡来临的时候却开始抱怨,这种矛盾岂不可笑?"

"是很可笑。"

"西米亚，真正的哲学家一直在训练死亡的状态，因此他们是所有人中最不怕死亡的。所以你再想想这个问题：如果他们与肉体是敌人，想要使他们的灵魂独处，那么当他们夙愿达成，他们却只是恐惧和抱怨，而不是为此高兴，这得有多矛盾啊！等他们到达他们要去的地方之后，他们会得到他们活着的时候渴求的东西，那就是智慧。同时他们还摆脱了他们的肉体，摆脱了这个敌人，这是应该高兴的事啊！的确有很多人，他们想去那样一个世界，在那里还能看到尘世之爱和妻儿，还能与他们聊天。真正爱智慧的人，坚信只有另一个世界才会真正让他开心。这样的人会抱怨死亡吗？他会坚信在那个世界，并且只有在那个世界，他才能找到纯粹的智慧。如果事情就是这样的，那他还害怕死亡，那他就太荒谬了！"

西米亚回答说："确实太荒谬了。"

"那么当你看见一个人临死的时候只会抱怨，他的这种不情愿足以说明这个人并不是真正地爱智慧，而是爱他的身体，同时也极有可能爱钱和权力，或者说两者都爱,是吗?"

他回答说:"的确是这样。"

"西米亚,那勇敢不就是哲学家特有的美德了吗?"

"确实是。"

"另外,在通常的意义上来说,节制是对激情的管控,节制高于激情。因此,不是只有那些轻蔑他们身体、献身于哲学的人才拥有节制这种美德吗?"

"显然是这样的。"

"你看看别人,你会发现他们身上的勇敢和节制是矛盾的。"

"怎么会这样呢?"

苏格拉底说:"你知道,通常而言,多数人把死亡看成最大的恶。"

他说:"是的。"

"勇敢的人不害怕死亡,是因为他们害怕更大的恶,对吗?"

"非常对。"

"除了哲学家之外,所有人的勇敢都是因为害怕,也只是因为害怕。不过,说一个人勇敢是出于害怕,是因为他是一个懦夫,这么说确实很奇怪。"

"是啊。"

"准确说来,那些人的节制不也是这样的吗?他们节制正是因为他们是放纵的。这么说似乎很矛盾,不过,那些愚蠢的节制就是这样。因为他渴望一直处于某些快乐之中,害怕失去这些快乐,于是他们只能放弃别的快乐。因为他们渴望的那种快乐很有诱惑力,他们已经不能抵抗,所以他们成功地抗拒了其他诱惑。尽管他们认为被快乐控制才是放纵,而他们则是控制快乐,但是他们所谓的'控制某些快乐'只是因为他们被别的快乐控制了。在某种意义上,我说他们的节制是出于放纵,就是这个意思。"

"似乎就是这样的。"

"我的好西米亚,从道德的角度来看,这是以一种程度的恐惧、快乐或者痛苦来交换另一种程度的恐惧、快乐或痛苦,就像交换货币一样。而这种交换并不能换来美德。有那种可以交换一切的东西吗?

有的，那就是智慧。只有与智慧交换，与智慧在一起，勇敢、节制以及美德才成为可能。真正的美德与智慧同在，不论别的恐惧、快乐或者其他或好或坏的事有没有增减。当美德和智慧脱离了关系，只是用来交换恐惧、快乐以及痛苦的时候，那这种建立在恐惧、快乐以及痛苦上的美德只不过是幻影而已。在这样的美德里面不存在任何的自由、健康和真理。真正的交换，也就是与智慧的交换，其实是一种净化。这种净化斩断与恐惧、快乐和痛苦的关系，而节制、正义、勇敢以及智慧本身就是这种净化。那些创立秘密宗教的人说那些没有入会和未得到启示的人，当他们去到地下的世界时，只能躺在污泥之中，而那些入会并受到净化的人死后将和诸神在一起。他们的话并不是胡说，似乎是真有深意。因为就像那些秘密宗教说的：'佩戴徽章的人虽多，真正信教的人却少。'我认为，这也可以用来说真正的哲学家。在我的一生中，我不遗余力，也希望能成为真正的哲学家。不论我之前是否找到正确的方式，也不论我是否成功，我都会很快知道结果。因为如果神愿意的话，当我到达另一个世界的时候就能知道了。因此，西米亚和克贝，当我要离开你们，离开我在尘世的主人，我不会为此抱怨和悲伤的，因为我相信在另一个世界，我同样能找到很好的主人和朋友。但是大多数人并不相信我讲的这些，如果我的申辩比我之前对雅典法官们的申辩更能让你们信服，那就好了。"

克贝回答说："苏格拉底，你说的我大多数都同意。但是关于灵魂的那些话，人们会觉得难以理解。因为他们认为灵魂离开身体之后是不存在于任何地方的。人死的那一天，灵魂也就湮灭了，烟消云散了。苏格拉底，如果灵魂摆脱你说的那种恶之后，还能够集中自己，我们才有理由相信你说的是真的。因此我们需要足够的理由和证据才能证明人死之后灵魂还存在，还有力量和理智。"

苏格拉底说："克贝，你说得对。你认为我们是不是应该讨论一下，看看这个问题有没有可能？"

克贝说："我很想听听你有什么想法。"

苏格拉底说:"听了我说的这些,没有人会指责我在闲谈一些与我无关的事,即便是不喜欢我的诗人也不会指责我。因此,如果你们愿意,我们就继续探讨这个问题吧。

"我们先想一想这个问题:逝者的灵魂是否存在于另一个世界?在此我想到一个古老的说法。这种说法认为人死后灵魂去了另一个世界,然后会再回来,死而复生。如果活着的人是逝者灵魂的托生,那就说明我们的灵魂一定存在于另一个世界;如果不是这样的话,怎么可能会有灵魂的托生?如果我们有任何证据,可以证明活着的人是逝者灵魂的托生,那么我们就可以确定灵魂是存在的;如果不能证明,那么我得去找别的证据。"

克贝回答说:"你说得对。"

"为了使我们的论证更简单,就让我们来考察整个问题吧,也就是说不只是考察人,还考察动物、植物以及一切有关系的事物。你想想,一切有两面的东西不都是从它的对立面产生的吗?比如善和恶、正义和不正义等。还有很多这种对立的东西，它们都是从对立面产生的。我想表达的意思是，一切有对立面的事物必然从它的对立面产生。比如，一件东西要变大，在变大之前，它一定是比较小的。"

"是的。"

"如果一个东西变小了，那它之前一定是比较大的，然后才从大变小。"

"对。"

"较弱从较强而来，较快从较慢而来。"

"是这样的。"

"较坏从较好而来，比较正义的从比较不正义的而来。"

"确实是。"

"一切有对立面的东西都是这样吗？我们能肯定所有这些东西都是从它们的对立面产生的吗？"

"是的，可以肯定。"

"在一切有对立面的事物中，同时进行着两个中间过程。一个是从一端过渡到另外一端，再从另一端返回；另一个是只要有较大和较小，那一定就有一个增加和减少的中间过程，变大就是增加，变小就是减少，对吗？"

他说："对。"

"还有很多这样的过程，比如分解和合成、变冷和变热等，它们同样都涉及一个转换过程。即便有时我们不用相同的术语，但是这个过程一定是存在于一切有对立面的事物之中的。因为这些事物从别的事物产生，在这里就会存在一个转换的过程，是这样的吗？"

他回答说："确实是这样的。"

"那好，就像睡的对立面是醒，你认为活有对立面吗？"

他说："有。"

"那是什么呢？"

他回答说："是死。"

"那么，如果活和死是相互对立的，那它们中的一方就是从另一方产生的，并且在此也会有两个对应的中间过程,是吗?"

"当然是了。"

苏格拉底说:"现在我来分析刚才提到的一组对立以及它们转换的过程,你帮我分析另外一组。我要分析的是睡和醒。睡的状态与醒的状态相对立,从睡产生醒,从醒产生睡。在这里有两个产生的过程,一个过程是睡着,一个过程是醒来,你同意我的分析吗?"

"我完全同意。"

"那就请你以同样的方式帮我分析一下生和死。死是生的对立面吗?"

"是的。"

"那死和生相互产生吗?"

"相互产生。"

"从生会产生什么呢?"

"产生死。"

"那从死会产生什么?"

"我只能说是生了。"

"克贝，那么不论对于事物还是对于人，生都是从死产生的，对吗？"

他回答说："确实是这样的。"

"那我可以得出这样的结论吗，说我们的灵魂存在于另外一个世界？"

"可以。"

"并且这两个过程中有一个是可见的。很显然，死的过程是可见的，是吧？"

他回答说："确实是。"

"那这会得出什么结果呢？我们要否认那个相反的过程吗？如果否认，那就是说我们只用一只脚走路了，还是说有一个从死到生的过程？"

他回答："有。"

"那这个过程是什么？"

"复活。"

"如果真的有复活的话，那它指的是从死到生的过程吗？"

"是的。"

"那么我们就可以得出这样的结论,就像死出自生一样,生来源于死。如果事实就是如此,那么我们就充分地证明了逝者的灵魂存在于某个地方,并且它们从那个地方复活。"

他说:"是的,苏格拉底,从我们先前同意的观点似乎必然会得出这个结论。"

"克贝,如果先前同意的那些观点不合乎规则,那么我还有一种办法来证明。如果在对立的事物之间没有转换,也就是说没有一个补充或者轮回,整个产生仅仅呈现为直线,那么所有的东西到头来只有一个形式,都只是一个状态,那就是再也没有产生。"

他说:"你是什么意思?"

苏格拉底说:"很简单,我用睡觉来解释吧。如果在睡和醒之间没有转换,那恩底弥翁[1]的故事就没

---

1 恩底弥翁(Endymion),古希腊神话中的美男子,以容貌俊美著称。相传,月亮女神塞勒涅(Selene)爱上了恩底弥翁,为了让他的美貌永驻,对他施下魔法,使他永远沉睡;另一版本则称,宙斯因塞勒涅的爱而惩罚恩底弥翁,让他在死亡与永眠之间选择,他选择了后者。从此,塞勒涅每晚守护在他身边。

有什么意义了。因为一旦所有的东西都可以一直睡下去,那恩底弥翁和别人就没有什么区别了。或者说,如果物质只有合成,没有分解,那就会出现阿那克萨哥拉所说的'万物一体'。亲爱的克贝,同样的道理,如果一切有生命的东西死后一直保持死了的状态,再也不会复活,那么最终一切都是死的,没有什么是活的。除此之外还有什么可能?因为即便活着的东西是从别的东西产生,那别的东西也会死的。到头来所有的东西不都陷于死亡的状态了吗?"

克贝说:"苏格拉底,没有什么东西逃得过死亡,我觉得你说得完全正确。"

他说:"克贝啊,我认为肯定就是这样的。我们承认这些观点并不会错,但是复活这样的事也一定是真的。生来自死,逝者的灵魂是存在的;好人的灵魂比坏人的灵魂存在得好些。"

克贝接着说:"苏格拉底,如果你经常说的学习就是回忆是对的,这其实暗含着我们有一个前世,在那里我们学到了现在回忆起来的东西。因为,除非我们的灵魂之前就在某个地方存在过,否则这根本不可能。我认为这也可以证明灵魂不死。"

西米亚说:"克贝,提醒一下我,学习就是回忆是怎么证明的,我当时似乎没有记住。"

克贝说:"证明学习就是回忆的一个好方法就是提问。如果你以正确的方式向别人提问,别人就能正确地回答你。但是除非他自身已经拥有知识和正确的理性,否则这根本不可能,是吧?如果你给他提作图之类的问题,他的反应就能很好地证明学习就是回忆。"

苏格拉底说:"西米亚,如果你还有疑问的话,我想问你,你是不是不同意学习就是回忆这种说法?我的意思是,你对学习就是回忆仍保持怀疑?"

西米亚说:"我并不是怀疑,我只是想回忆起关于学习就是回忆的证明。从克贝刚才说的,我已经开始回忆起来了,我也相信学习就是回忆这种观点。不过我还是想听一下你怎么说。"

苏格拉底回答说:"我认为,一个人如果回忆起什么东西,那在这之前他一定已经知道了这个东西,对此我们应该都会同意吧?"

"同意。"

"知识和回忆是什么?我想问的是,一个人看到、听到或者以别的方式觉察到某个东西,如果他不仅知道这个东西,而且还会借由这个东西把别的东西也作为认识对象,并拥有这个新对象的知识,那么我们可以说这个人回忆起了关于这个新对象的知识吗?"

"这是什么意思?"

"我用这个例子来解释我的意思吧,关于一架七弦竖琴的知识和关于一个人的知识是不同的。"

"是的。"

"当爱人看见她深爱的人使用过的竖琴、穿过的衣服或者别的东西时,她会怎么想?她会从这个竖琴想到拥有这个竖琴的少年的样貌吗?这就是回忆啊。就像人们看见西米亚会想起克贝一样,类似这样的事情不胜枚举。"

西米亚回答说:"确实是非常多。"

"想起那些由于年月太久或者由于粗心而忘记的东西,我们通常把这个想起的过程叫作回忆。"

他说:"是这样的。"

"那好,你们看到一匹马或者一架竖琴的画像会想起一个人吗?你们看见西米亚的画像会想起克贝吗?"

"当然会。"

"你们看到西米亚的画像会想起西米亚本人吗?"

"肯定会。"

"从这些例子我们知道,回忆可以由相似的东西引起,也可以由不相似的东西引起。"

"是的。"

"当回忆是由相似的东西引起时,我们就会想,这种相似是完全的相似还是部分的相似?"

他说:"是的,会这么想。"

"更进一步讲,有一种相等,它不是一块木头或者一块石头之间的相等,而是超越这之上的绝对的相等[1]，可以这样说吗？"

西米亚说："我们完全可以这样说。"

"我们知道这个绝对相等是什么吗？"

他说："当然知道。"

"我们是从哪里获得这些知识的呢？难道不是从刚才的那些东西？我们看见相等的木头或者相等的石头，然后从中知道什么是相等；然而相等本身却与这些东西不同。这么说吧，相等的木头或者相等的石头在某些方面是相等的，在某些方面它们又不相等，是吗？"

"是的。"

"那你认为真正的相等能够在某些方面是不相等

---

[1] 这个概念在柏拉图的哲学中，尤为重要。他认为每个东西的本质就是这个东西的理念（idea，也译为形相）。理念并非观念，它是客观的存在，是真正真实的存在。每一个东西之所以是其本身，乃是由于它有了理念。某物的理念就是某物本身，或者说就是绝对的某物。比如美的理念就等同于美本身，也等同于绝对的美。这里的绝对的相等也就是相等的理念，也等同于相等本身。文中根据语境，采取不同翻译。

的吗?或者你认为相等的理念可以是不相等?"

"苏格拉底,这不可能。"

"那我们之前说的那种事物之间的相等和相等本身(相等的理念)是不同的吗?"

"苏格拉底,它们显然不一样。"

"尽管这些相等的东西与相等的理念不同,但我们是从这些东西那里知道相等的理念的,是吗?"

他说:"确实如此。"

"那这些相等的东西与相等理念本身是相似的还是不相似的?"

"当然是相似的。"

"不过这不重要了。任何时候我们看见一个东西就想起另外一个东西,不论它们相似不相似,而这个过程我们必然会把这叫作回忆,是不是?"

"是的。"

"那些相等的木头、石头或者别的东西,它们的相等和绝对的相等一样吗?或者说在某种程度上它们不如绝对的相等?"

他说:"它们与绝对的相等相差太多了。"

"当我或者任何人看见一个东西时,然后想到别的类似的东西时,尽管它们不是同一个东西,也不完全相等,我看见的这个东西比它要差一些,但是这个人在以前就已经知道了他现在想起来的这个东西。我们可以这样说吗?"

"当然可以。"

"这不正是我们讨论的相等的东西和绝对的相等吗?"

"正是。"

"因此,我们见到相等的东西之前肯定已经知道绝对的相等了;正是这些相等的东西使我们想起绝对的相等,虽然它们不完全一样,是吗?"

"是的。"

"我们也同意,我们要获得有关绝对相等的知识,只能通过视觉、触觉以及别的感官。我认为这些感官都差不多。"

"是的,苏格拉底,对我们的讨论而言,这些感官都一样。"

"通过感官我们获得知识,所有的感官对象都力求接近绝对的相等,但是还是要差一点。对此你同意吗?"

"同意。"

"在我们看、听或者使用别的方式感知事物之前,必须已经拥有了关于绝对相等的知识,否则我们就不能把从感官得来的那些相等的事物与这个绝对的相等做比较。因为相等的事物渴求绝对的相等,但是又不及绝对的相等,是这样的吗?"

"按照我们先前的讨论,确实只能得到这样的结论。"

"我们一生下来就能看、听以及使用别的感官,是吗?"

"确实是。"

"那在能够使用感官认识相等事物之前,我们必须先获得关于绝对相等的知识,是吗?"

"是的。"

"这样的话，我们只能在出生之前就获得了，对吗？"

"对。"

"如果我们在出生之前就已经获得了这种知识，在出生之后就能使用它们，那我们出生之前以及出生的时候就不仅知道绝对的相等、大或者小，还知道别的理念。而我们现在谈论的不仅可以指相等，还有美、善、正义、神圣，以及所有我们谈话中涉及本质的东西。我们必须在出生之前就已经获得了这些东西，是吗？"

"我认为应该是这样的。"

"如果出生之后，我们没有忘记获得的那些知识，那么生下来就必定一直知道这些知识，一生都知道。因为知道不就是获得知识并且不忘记知识吗？而忘记知识不就是失掉知识吗？西米亚，这样说对吗？"

"苏格拉底，你说得非常对。"

"如果我们在出生之前就获得知识了，出生的时候却弄丢了，之后又借助我们的感官重新恢复它们，那么我们称之为学习的过程不就是恢复我们天生就有的知识吗？我们不是把这个过程叫作学习吗？"

"是的。"

"那么情况就很清楚了。我们或借助眼睛、或借助耳朵、或借助别的感官感知某些东西，从这些感官我们可以获得别的知识。而这些知识与感官感知的东西不论相似与否，都是有联系的。因此，照我说，无非两种情况：要么我们出生时就有这些知识，一生都知道这些知识，要么去学习只不过是回想起出生前就有的知识，所以学习就是回忆。"

"苏格拉底，你说得太对了。"

"西米亚，你认为是哪一种呢？是我们一出生就获得了知识，还是说我们是回忆起出生前就知道的知识？"

"我现在还不知道该选哪一种。"

"不管怎样，你都应该能回答这个问题：一个人是否能够解释他所知道的知识？你认为能还是不能？"

"当然能。"

"那对于我们刚才谈论的那些问题，你认为是否随便哪个人都可以给出一个解释？"

"苏格拉底，我希望他们能，但是我担心明天的这个时候，就再没有人能够给出一个这么好的解释了。"

"西米亚，那你认为并不是谁都可以说清这些问题的，是吧？"

"当然了，不是谁都可以的。"

"他们只是在回忆他们以前学过的东西？"

"是的。"

"那我们的灵魂是什么时候获得这些知识的？应该不是在我们出生以后吧？"

"当然不是。"

"那就是在出生以前了？"

"是的。"

"西米亚，那么我们的灵魂在托生为人之前，即便灵魂没有和肉体在一起，它也必定存在，也必定是有理智的。"

"你说得没错,除非我们在出生的时候就获得了这些知识,因为只有这个时候有可能了。"

"是的,我的朋友,但是如果是这样的话,我们又是什么时候失去那些知识的?因为我们已经承认了,在我们出生之后我们已经没有那些知识了。我们是在获得那些知识的时候同时失去它们的吗?如果不是这个时候,又是什么时候呢?"

"哦,苏格拉底,都不是。我没注意我刚刚在胡说八道。"

"西米亚,我们可以这么说吗?如果像我们之前说的,存在绝对的美、绝对的善,所有的东西都存在一个绝对的本质,那么当我们由感觉感知到美的、善的东西的时候,会发现以前已经认识了它们,并且总把当前的感觉和它们比较,然后会发现这些理念在以前就存在了,它们在我们托生为人之前就已经为我们所拥有。这同时也表明我们的灵魂是先天存在的,是吗?如果不是这样的话,我们的这些论证就没有什么意义了。这些理念在我们出生之前一定是存在的，我们的灵魂在我们托生为人之前也一定存在。如果这些理念不存在，那么我们的灵魂也就不存在。"

"苏格拉底，你说得对。灵魂的存在必然会得出理念的存在，反之亦然。理念的存在和灵魂在我们托生为人之前存在是不可分离的，这一点我们已经证明了。在我看来，没有什么东西能和绝对的美、善或者别的本质相提并论。因为绝对的美、善以及别的本质的存在更真实、更绝对。我对你的证明很满意。"

"那就好，不过克贝也满意吗？我要确保他也满意。"

西米亚说："我认为克贝对此也是满意的。尽管他相当地怀疑灵魂不死，但是经过这番证明，他也会很相信灵魂在托生为人之前是存在的。不过，人死之后灵魂是否还会继续存在，我觉得这点尚未证明。克贝说人死之后灵魂就会消散，会就此消亡，很多人都会有这种担忧，我也摆脱不了这种担忧。灵魂是在别的地方生长出来的，由一些元素构成，在进入人的肉体之前就已经存在了，我们承认这点；但是为什么灵魂在进入肉体，又脱离肉体之后没有被毁坏而消亡？"

克贝说："西米亚，你说得很对。我们的证明已经完成了一半，也就是我们已经证明灵魂在我们出生之前就已经存在了；但是另一半还没有证明。那就是灵魂在我们死后能不能继续存在，这点还需要补充，只有补充了这点，我们的证明才算完整。"

苏格拉底说："西米亚和克贝啊，我们现在得出结论，灵魂在我们出生之前已经存在；我们之前也已经承认，一切生命都是从死亡中出生。如果你把这两点放在一起来看，你会发现我已经都证明了。因为如果灵魂在我们出生之前已经存在，它趋向生命，托生为人，那么它只能从死亡中托生。既然灵魂得重新托生出来，那么在人死后，灵魂不就必须继续存在吗？所以，你们要求的证明已经完成了。不过我想你和西米亚还很乐意继续探讨一下这个问题。你们像孩子一样，担心灵魂离开身体之后就会被风吹得烟消云散；甚至如果一个人死的时候有狂风暴雨，天气不好，你们可能会更害怕。"

克贝笑着说:"苏格拉底,那你也应该好好说说,让我们免于恐惧。并且,严格说来,我们并不害怕,而是我们的心里住着一个孩子,是他在害怕。他认为死亡就是妖怪,因此我们要这个孩子相信,黑暗之中没有什么可怕的。"

苏格拉底说:"那你就像个巫师一样,每天给这个孩子念咒语,直到赶走他的恐惧为止。"

"苏格拉底,你走之后,我们去哪里找一个可以赶走我们恐惧的好巫师?"

他回答说:"克贝,希腊这么大,一定有很多好人。你们可以到外族人那里去找找看,不要害怕辛苦,也不要害怕花钱,把钱花在这方面是最值得的了。当然,也要在你们之间找找看,因为在别处很难找到。"

克贝回答说:"是应该去找。不过现在,如果你愿意,我们先回归正题吧。"

苏格拉底回答说:"当然了,我怎么会不愿意呢?"

"太好了。"

苏格拉底说:"那我们不是应该问问自己,什么东西容易消散?我们害怕哪些东西消散,不害怕哪些东西消散?然后进一步探究,这其中又有什么东西是属于灵魂的?根据这些问题的答案,我们对于灵魂的希望和忧虑就可以得到解决。"

他说:"你说得很对。"

"你想想,那些组合而成的东西,或者说复合的东西,就像它们被组合起来一样,也是容易被分解的。而那些非组合的东西——如果有这些东西的话,它们是不容易分解的。"

克贝说:"是的,我可以想象这些东西。"

"那些非复合的东西可能就是那些保持同一的和不变的东西;而那些复合的东西应该就是那些一直变化的东西,它们从不同一。你同意吗?"

他说:"同意。"

"那回到我们之前的讨论,在刚刚的对话中,我们把绝对的平等、美之类的东西定义为本质和真正的存在,这些东西偶尔也会有变化吗?还是说它们始终是其本身，总是同一的、单一的自身存在，其形式永远不会改变？"

克贝回答说："苏格拉底，它们永远是同一的。"

"还有很多事物，比如人、马、衣服等等，我们也会说它们是美的，或者说相等的。你认为这些东西是不会变化的，总是同一的，还是正好相反？也就是说，这些东西总是变化的，不论是与它自身还是与别的东西比较，几乎不会有同一的时候。你认为是怎样的？"

克贝回答说："是你后面说的东西，它们总是处在变化之中。"

"这些变化的东西能摸、能看或者能被别的感官感知；而那些不会变化的东西，它们是无形的，不可见，只能用心灵感知。"

他说："你说得很对。"

苏格拉底又说："好，那我们假设有两种东西，一种是可见的，另一种是不可见的。"

"行，可以这么假设。"

"可见的是会变化的，不可见的是不变的。"

"也可以这么假设。"

"进一步,我们的身体也是由两部分构成:一部分是我们的肉体,另一部分是我们的灵魂,是吗?"

"是的。"

"那我们的肉体与什么更像、更接近?"

"毫无疑问,很显然是和可见的事物更像、更接近。"

"那灵魂呢?是可见的还是不可见的?"

"苏格拉底,至少人是看不见的。"

"我们说的可见的和不可见的,不就是指人的眼睛能不能看见吗?"

"是的,是指人的眼睛。"

"那灵魂可以被我们看见吗?"

"不可以。"

"那就是说灵魂是不可见的?"

"是的。"

"那灵魂与不可见的东西更像,肉体与可见的东西更像,是吗?"

"苏格拉底，必然是这样。"

"我们之前不是说过吗？灵魂借助肉体来感觉、借助身体来感觉，其实就是借助感官来感觉。因此，也就是说，灵魂借助眼睛、耳朵以及别的感官来感觉。而这时候灵魂被肉体拖进了变化之中，迷失了方向，被迷惑住了。因为灵魂一触碰到变化，就像一个醉汉，世界就在它的周围旋转。是这样吗？"

"是的。"

"当灵魂返回自身，进行沉思，它就会进入另一个世界。这个世界是纯洁的、永恒的、不朽的以及不变的，灵魂与这些东西更亲近。当灵魂自处而不受羁绊阻碍时，就会和这些东西在一起，灵魂也将会永生；灵魂也会因此远离错误的道路。因为与它相伴的东西是不变的，所以它自身也不再变化。灵魂的这种状态不就是所谓的智慧吗？"

他回答："苏格拉底，你说得很好，并且是对的。"

"从现在的论证以及之前的论证，我们能否推出灵魂与哪一种更像、更接近？"

"苏格拉底，我认为按照刚才的论证，谁都会认为灵魂与不变的东西更像，即便是最愚笨的人也不会否认这点。"

"那肉体与变化的东西更像？"

"是的。"

"再换一个角度看看：当灵魂和肉体结合在一起的时候，按照自然规律，肯定是一方命令，而另外一方服从。你认为哪一方更神圣，哪一方更凡俗？按照自然规律，难道不是神圣的一方命令和统治，凡俗的一方服从和隶属吗？"

"是的。"

"灵魂更像哪一方？"

"苏格拉底，毫无疑问，灵魂像神圣的那方，肉体像凡俗的那方。"

"克贝，那你想想，从我们上面说的是不是可以推出这样的结论：灵魂与神圣的、不朽的、智性的、单一的、不可分解的以及不变的东西非常相似，肉体与凡人的、可朽的、非智性的、多样式的、可分解的以及会变化的东西非常相似？亲爱的克贝，我们能否认这点吗？"

"不能。"

"如果是这样的话，那么肉体不是很容易就能被分解吗？而灵魂完全不会分解，是吗？"

"肯定是这样的。"

"你注意到了吗？人死之后，可见的那部分，也就是肉体，还会留在这个世界上，我们称之为尸体。它会自然地分解消失，但不是马上就分解消失，而是会存留一段时间；如果那个人体质很好，并且气候合适，那存留的时间会更久，是吧？按照埃及人的方式，给尸体涂上收缩和防腐的药，尸体还会永远保存下去；即便腐烂了，骨头和筋也会保存下去。你认可吗？"

"认可。"

"不可见的灵魂会进入另一个世界，这个世界也是不可见的，并且还是纯洁的和高贵的。灵魂要去往善良与智慧的神那里，如果神愿意的话，我也快去他那里了。如果灵魂的本质是这样的，那么灵魂会像很多人说的那样,在离开肉体之后就会马上被风吹散消失吗?亲爱的西米亚和克贝,这是绝不可能的。事实恰好相反,灵魂走得干干净净,不受肉体的污染。

"在灵魂和肉体结合在一起的时候,灵魂就很不情愿,它总是在极力避开肉体,努力保持自身。灵魂一直在学习的就是与肉体分离,也就是说灵魂是真正地在学习哲学。因此,灵魂不就是在练习死亡吗?因为我们说过哲学不就是练习死亡吗?"

"的确是。"

"不可见的灵魂到达不可见的世界,这是一个神圣的、不朽的和理性的世界。到达这个世界之后,灵魂摆脱了人的错误、愚蠢、恐惧、疯狂的激情以及别的罪恶,生活在幸福之中。就像先人所说的那样,灵魂和神相伴。克贝,这么说对吗?"

克贝说:"毫无疑问,对。"

"那些被污染了的灵魂呢?它们在出发的时候是不纯洁的,总是和肉体相伴,是肉体的仆人,爱上了肉体,被肉体迷惑住了,沉溺于肉体的欲望和快乐,以至于认为唯一真正的存在是肉体形式的存在，认为只有可以摸到、可以看见、可以尝以及能满足欲望的才是真的存在。对于那些只能通过哲学才能获得的不可见的理智原则，这样的灵魂是又怕又恨，唯恐避之不及。你认为这样的灵魂离开的时候会是一尘不染的吗？"

他回答："不可能。"

"这样的灵魂和肉体绑在了一起，一直和肉体有联系，关心肉体，以至于肉体已经成为它本性的一部分了。"

"是的。"

"我的朋友，肉体是个沉重又凡俗的负担，它是可见的，灵魂被它拉入可见的世界，使得灵魂害怕不可见的东西和另一个世界；因此这样的灵魂会在墓墟之间徘徊。有人就说过他们在那些地方看见过灵魂的影子，并且这种灵魂离开的时候并不纯洁，还保留着可见的成分，因此还能被看见。"

"苏格拉底，很可能就是你说的这样。"

"是的,克贝,很可能就是这样的。这一定不是好人的灵魂,而是恶人的灵魂。他们生前作恶,因此被罚在这些地方游荡。他们徘徊,肉体的那些性质没有离开过,最后又陷入另外一个肉体。他们前世有什么样的性格,再次托生为人之后也会是这样的性格。"

"苏格拉底,你说的是哪些性格?"

"比如贪吃、放纵、酗酒……他们从来不想避免这些,这些人来生只配做骡子之类的动物。对吗?"

"非常有可能。"

"那些不公正、专横又暴力的人会变成狼或鹰,除此之外,他们还能是什么啊?"

克贝说:"毫无疑问,这种性格的人肯定会是这样的。"

"很显然,别人也会根据他们的性格习惯去他们应该去的地方,是吧?"

他回答:"是的。"

"有的人会比别人幸福,而那些奉行诸如节制、正义等城邦和社会的美德的人,他们是最幸福的人,会去往最幸福的地方。但他们这么做并不是因为懂哲学和理性,只是出于习惯和关心。"

"为什么他们是最幸福的人?"

"因为他们会变成那些温顺的、群居的东西,这与他们的性格相似,比如蜜蜂、黄蜂以及蚂蚁等等;或者再次成为人,那些正义而节制的人应该就是由此而来。"

"很有可能。"

"没有研究哲学的人和出发时并不纯洁的人,他们是不能与神为伴的,只有好学之人才能与神为伴。西米亚和克贝,这也是为什么真正爱好哲学的人要弃绝一切肉体的欲望。他们抵制欲望,不向欲望投降。那些爱钱的人因为害怕贫穷或者失去家产会有所节制,爱权力和名声的人怕做了坏事而名声扫地也会有所节制;但爱好哲学的人与他们都不同。"

克贝说:"是的,爱好哲学的人与这些人不同。"

他回答说:"确实不同。那些关心灵魂的人,他们不是为了伺候肉体,而是要与所有伺候肉体的人相反；而那些只伺候肉体的人不知往何处去。当哲学要净化他们，让他们摆脱罪恶的时候，他们不会抵抗，而是会听从。"

"苏格拉底，你这是什么意思？"

他说："我会说清楚的。热爱知识的人意识到，在哲学接管他们的灵魂之前，他们的灵魂完全被束缚在肉体之上。当灵魂想要认识真正的存在的时候，不能自由地从自身来看，只能从肉体来看，就像透过监狱的栅栏看一样。灵魂在无知的泥潭里打滚，因为受缚于欲望，结果自己竟然成了关押自己的最大帮凶。这种状态的灵魂处于可怕的监禁之中，并且还是由自己造成的。热爱知识的人看见哲学接管灵魂之后，会温和地鼓励它，让它解放自己。他们给灵魂指出眼睛、耳朵等等感官都充满欺骗，劝说灵魂摆脱它们，能不用的时候就不用；劝告灵魂将自己集中起来回到自身，只相信自己以及自己对真正存在的领会，不要相信用别的方式看到的那些会变化的东西。因为那些东西是可见的、有形状的，而那些理智的、不可见的东西只能通过灵魂自身去看。真正的哲学的灵魂，当哲学要解放它们的时候，它们不会拒绝，而是会尽可能地远离肉体的愉悦、欲望、痛苦以及恐惧。因为它们知道，当它们处于肉体的愉悦、痛苦、恐惧以及欲望中时，不只是遭受了大家都能想到的坏处，比如因为欲望的诱惑而遭受疾病或者贫穷的痛苦，它们还遭受到了最大的厄运，但是自己却意识不到。"

克贝说："苏格拉底，最大的厄运是什么？"

"当灵魂处于强烈的愉悦或痛苦之中时，都会以为这些情感是最清楚、最真实的，但是并不是。这些东西其实是可见的东西引起的，这就是我所说的厄运。"

"确实是。"

"这种状态下的灵魂不正是被肉体完全迷惑住了吗？"

"怎样迷惑住的？"

"因为任何快乐和痛苦都像是钉子一样，它们会把灵魂钉在肉体上，然后灵魂慢慢喜欢上肉体，逐渐把肉体看作是真的，会和肉体有相同的信念和喜好，并把这也当作自己的习惯。这样,灵魂启程去另一个世界的时候就被肉体污染了,就不纯洁了;之后又会沉溺于另一个肉体,在那里发芽成长。这样的灵魂就没法和神圣的、纯洁的、单一的理念为伴了。"

克贝回答说:"苏格拉底,你说得太对了。"

"克贝,这就是为什么真正热爱智慧的人节制而勇敢,但他们这么做不是出于世人心中的那些理由。"

"确实不是。"

"真正爱智慧的人有不同的想法。他们要求哲学解放他们,不是为了解放之后又再次受缚于快乐与痛苦,处于无尽的劳役之中,就像珀涅罗珀[1]那样,白天织晚上拆。相反,真正热爱哲学的人,他们会让

---

[1] 珀涅罗珀(Penelope),是古希腊神话中伊塔卡国王奥德赛(Odysseus)的妻子,以忠贞和智慧著称。在奥德赛出征特洛伊战争并在外漂泊长达12年期间,无数求婚者涌入宫中逼迫她改嫁。为拖延时间,珀涅罗珀以为奥德赛的父亲拉厄耳忒斯(Laertes)织寿衣为借口,表示织完后才会再嫁。然而,她白天织,晚上悄悄拆掉,借此巧妙地拒绝了所有求婚者,直到奥德赛归来。

自己的激情平息下来，追随理性，处在沉思之中，注视真实的和神圣的东西，从中汲取营养。他们相信活着的时候就应该这么活，死后则希望去一个与自己亲近和相似的地方，能够摆脱人的罪恶。西米亚和克贝，经过这种教育又有这种追求的灵魂是不会害怕死亡的，并且当这样的灵魂离开身体的时候，它是不会担心被风吹走变成虚无的。"

当苏格拉底说完这些之后，好长一段时间都没有人说话，他和我们似乎都在思考他刚刚说的那些话，只有克贝和西米亚悄悄说了几句话，于是苏格拉底看着他们说："你们是不是觉得刚才的论证有问题？是不是还缺些什么？如果你们仔细思考刚刚说的话，有些地方确实还可以质疑和反对；但是如果你们想的是别的事，那我没什么可说的。如果你们还有些许的怀疑，请不要犹豫，告诉我你们的想法，给我点建议，帮我改进；如果我可以帮到你们，也请别客气。"

西米亚说："苏格拉底，我老实说吧。我俩心里确实都有怀疑，但都不想问你，却都在唆使对方来问你。我们担心现在问你可能会让你陷入麻烦。"

苏格拉底笑着回答说:"西米亚啊,你这讲的什么话啊?我现在的情况并不比以前糟糕。如果我不能说服你们,我就更没法说服别人相信我现在的处境挺好的。你们认为我没有天鹅的那种预言能力吗?天鹅一生都在歌唱,当它们知道自己要死时,会比以往任何时候都唱得嘹亮。因为它们一想到自己就快回到神的左右,回到自己的主人那里,它们就由衷地高兴。但是人由于害怕死亡,曲解了天鹅的歌声,认为天鹅是在唱最后的悲歌。人们完全不知道,当冷、饿或者痛苦的时候,鸟儿是不唱歌的。夜莺、燕子和戴胜都是这样,然而人们总说它们在悲鸣。我认为它们和天鹅都不是在悲鸣,只是因为它们是阿波罗的神鸟,它们拥有预言的能力,它们期待另一个世界的幸福。因此当那一天来临时,它们会唱得比以往都还要高兴。同样,我也是如此。我相信我将成为同一个神的仆人,和天鹅它们一起服侍神;我认为我从神那里获得的预言能力并不比天鹅的差,我离开的时候也不会比天鹅难过。如果有人不同意我说的意见，只要雅典的执政官允许，你们想说什么就说什么吧。"

西米亚说："那好，苏格拉底，我会告诉你我觉得理解困难的地方，克贝也会告诉你的。我敢说你也会有同样的感觉，那就是我认为要在此生获得关于这些问题的确定知识，要么很难，要么根本就不可能。一个人如果对上面说的那些内容不刨根问底，不面面俱到，那么他就是个懦夫。他应该坚持做到下面两件事中的一件：其一，他发现或者被告知了关于这些问题的真相；如果这样不可能的话，那么其二，他应该选择人类关于这些问题最好的、最可靠的理论，以此为筏，度过艰难人生——倘若我们不能找到更安全、更可靠的神谕的话。现在，你也鼓励我，那我就斗胆问你，这样的话，以后我就不会因为现在没有说出心中的想法而责备自己。苏格拉底啊，因为不论是我独自思考这个问题，还是和克贝一起讨论，我都觉得论证并不充分。"

苏格拉底回答说:"我的朋友,你很有可能是对的,不过请你告诉我,你觉得哪里不充分了?"

西米亚回答说:"在这个问题上,我要用和声与七弦竖琴做一个相同的论证。和声存在于调好的琴里,它是不可见的、无形的、完美的以及神圣的;而竖琴和琴弦是有形体的、组合而成的、尘俗的,是与可朽的东西接近的东西。当一个人弄断了琴弦,或者说剪断了琴弦的时候,按照你的观点,做一个类比,我们可以说和声还在,并没有消失;因为按照你的观点,我们不能说没有琴弦或者说琴弦坏掉的琴还存在,而更神圣且不朽的和声消失了。这样的话,不朽的就会比可朽的消失得还早。我们难不成可以说和声一定还存在于某个地方,那个木琴以及琴弦将会先于和声消失?苏格拉底,我觉得你也这样想过我们的灵魂:我们的肉体是由一些冷和热、干和湿的元素组成的,灵魂则是这些元素的和谐。如果是这样,当我们的肉体因为生病或者受伤,变得松弛或者紧张的时候,我们的灵魂就会像和声一样,虽然更神圣，但是会马上消失；而有形的肉体则会保留一段时间才会腐烂或者被烧掉。如果有人说，灵魂是肉体诸元素的和谐，死亡一到来，灵魂就会先于肉体消失，我该怎么回答他？"

苏格拉底机灵地看着我们，他以前经常这样看我们，然后笑着说："西米亚这么说有他自己的理由，他的反驳很有力，你们有谁比我聪明的，为什么不替我回答西米亚？不过，在我们回答西米亚之前，我们最好先听听克贝有什么要说的，当他说的时候，我们有时间想想怎么回答。如果他们说的有道理，那我们就同意他们；如果他们说的不是那么有道理，我们再表达我们的观点。好吧，克贝，你有什么困惑？"

克贝说："我认为在以前的那个地方，你的论证仍旧没有解决我之前提出来的那个反驳。我承认你关于灵魂在进入肉体之前存在的证明很巧妙，我也觉得你的证明很充分；但是我认为你仍旧没有证明人死之后灵魂还存在。我的反驳和西米亚的不同，因为我不否认灵魂比肉体强大以及持久，我也认为灵魂在这方面远远胜过肉体。好，既然这样，为什么我还是不信你？因为更脆弱的肉体在人死之后都还能存在一段时间，为什么更强且更持久的灵魂不会存在得更久？我也要像西米亚一样打一个比方，请你看看我的反驳是否有力。比方说有一个老织工，当他死后有人会说：'他还没死，还活着。不信你们看，他自己织的和穿过的衣服都还在，它们都还是完整的，还没有腐烂。'这么说的人会问怀疑他没死的人，是一个人保存的时间长，还是他穿过的衣服保存的时间长？如果那个提出怀疑的人说，人保存的时间更长，那么这个人就会说这恰好证明了这个老织工没有死，因为保存时间不长的衣服都还存在，那么保存时间更久的人肯定就还没死。不过，就像我之前提醒西米亚要注意的一样，这种说法是错的，谁都知道这个人在胡说八道。因为这个老织工活着的时候已经织过很多衣服，也穿过很多衣服，所以他比这些衣服存在的时间久。因此根据最后那件衣服是不能证明人比衣服不经久的。灵魂和肉体之间的关系也与此相似。将灵魂和肉体做比较,任何人都会说灵魂会更持久,肉体更脆弱、更短暂。人们同样可以说灵魂像穿衣服一样,要穿坏好几个肉体,只是长寿的人穿的时间久一些。人活着的时候,肉体就一直在变化着,直到腐坏,灵魂穿坏一个肉体之后又换一个新的。那么直到灵魂最后一次死的时候,它一定是穿着最后的那个肉体的,这会比灵魂存在的时间长。但是当灵魂一死,肉体就会显现出它脆弱的本质,并迅速腐坏消失。所以我认为我们还没有很好地证明灵魂在人死之后还继续存在。现在我承认你说的是可能的,不仅灵魂在托生为人之前存在,而且在人死后也还会存在一段时间,并且会不断地托生。因为灵魂本来就很强大,它能经得住很多次的生死。可是即便如此,也说不准有哪一次灵魂会经受不住死去了,最终消失得无影无踪。虽然我们没人知道究竟哪一次肉体的死亡会消灭灵魂,但是如果真有这样的事,那么谁还对死亡信誓旦旦就很愚蠢了。除非他能证明灵魂永远都是不朽的,否则如果人不能证明灵魂是永生的，那么将死之人会很害怕死亡，因为肉体一解体，灵魂也可能就彻底消失了。"

就像我们后来相互谈起的那样，在听了他们两个人的话之后，我们都觉得很泄气。我们之前对苏格拉底说的话是多么坚信，现在却陷入疑惑与不安之中；不仅对之前已经说过的东西表示怀疑，甚至于对将来的讨论都没有信心了。他们既让我们对这些问题不敢再做判断，也让我们没有理由再相信这些信念。

伊奇克拉底：克贝，苍天在上，我很同情你。听了你说的这些，我也会问同样一个问题，那就是我们还能再相信什么论证？因为没什么能比苏格拉底的论证更令人信服了，然而他的论证却陷入了怀疑之中。我向来很相信"灵魂是一种和谐"这种说法，所以一提到这种说法，我就会马上想起自己以前是很相信这种说法的。但是现在我们只能从头开始，重新论证，使我可以相信灵魂在人死之后还存在。求你了，请你告诉我，苏格拉底接下来是怎么做的？他也像你们一样泄气了吗，还是说他对反驳很冷静，并且还给出了一个更有力的回应？希望你尽可能详细地说一说。

斐多：伊奇克拉底，我一直都很敬佩苏格拉底，可是从没有像那天那么敬佩。他能回应那些挑战其实没什么，真正让我惊讶的首先是他以一种温和、愉快并且谦恭的态度接受了年轻人的反驳；其次是他很快就意识到那些话动摇了我们的信心；再者就是他很快就安抚了我们。他就像一个将军，集结已经败北溃逃的士兵，督促他们与他重返战场，一同战斗。

伊奇克拉底：他是怎么做的？

斐多：你听我说。我当时就坐在苏格拉底右边的小椅子上，他的座位比我的高很多。他摸了一下我的头，把我脖子后的头发握在手里（他习惯这样玩我的头发）。接着就说："斐多，我猜明天你会把这些头发剪了吧？"

我回答他："是的，苏格拉底，我可能会那么做。"

"如果你听我的，就不会那样做。"

我说："那我应该怎么做？"

他回答说:"如果我们的论证到此就结束了,不能再继续,那么今天就该把头发剪了,不用等到明天。你剪你的,我剪我的,就像阿尔戈斯人发誓,不打败敌人,完成复仇,就不蓄发[1]。因此我要是你,我也要发这样的誓,如果不能驳倒西米亚和克贝,就不蓄发。"

我说:"是的,可是即便是大力神赫拉克勒斯也打不过两个人啊。"

他说:"天黑之前,你都可以叫我做你的伊俄拉俄斯[2]。"

我回答说:"我让你帮我,并不像赫拉克勒斯找伊俄拉俄斯帮忙,相反,是伊俄拉俄斯找赫拉克勒斯帮忙。"

---

1 阿尔戈斯人(Argives)在与斯巴达人(Spartans)的战争中战败,失去了领地。为了表达复仇的决心,他们发誓在未战胜斯巴达人之前绝不蓄发。
2 伊俄拉俄斯(Iolaus),赫拉克勒斯(Heracles)的侄子兼忠实助手。在赫拉克勒斯击败九头蛇(Hydra)时,伊俄拉俄斯发挥了关键作用。

他说:"都一样。不过我们要先提防一个危险。"

我说:"什么危险?"

他回答说:"我们不要因此就变成厌恶辩论的人,这种事太糟糕了。就像有人厌恶人类一样,也有人厌恶辩论。两者的原因都是一样的,都是因为无知。厌恶人类的人起初盲目地信任别人。他们信任一个人,并认为这个人总是对的、可靠的,对这个人充满信心;后来却发现这个人虚伪卑鄙,之后又发现各种缺点。他们多次遇见这样的人,尤其是这样的人是他自认为最信任最亲近的朋友的时候,他们还会和这样的人发生争吵。久而久之,他们会恨所有的人,认为没有一个好人。你注意到这点了吗?"

"我注意到了。"

"这种想法太糟糕了。这样的人想和别人打交道,但是又不知道人性的本质。如果他有经验的话,他会发现真实的情况是这样的,那就是好人和坏人都很少,大多数人都处于中间状态。"

我说:"你这是什么意思?"

他回答说:"比如说大和小吧,很大和很小的人都不常见。所有处在两个极端的事情都是这样的,比如大小、快慢、洁白与肮脏、黑和白都是这样,不论你从人、狗还是别的动物身上找例子都是一样的。极端的情况都很少,大多数都处于中间,你难道没注意过吗?"

　　我说:"我注意到了。"

　　他说:"如果来一场比坏的大赛,那么最坏的人应该很少,你同意吗?"

　　我说:"是的,很有可能。"

　　他回答说:"确实很可能。不过在这方面人和论证不一样,这里你已经让我跑题了。它们之间的相似点在于,一个没有辩论技巧的人,对于某个观点,不论它是对是错,可能会一会儿认为这个观点是对的,一会儿又认为这个观点是错的,反反复复,以致最后完全失去了信心。尤其是那些善辩的人,你也知道,他们认为自己是最聪明的人。因为他们认为只有他们发现一切论证和事物都是不全面的和不稳定的,就像埃夫里普[1]的海水,涨涨落落,从不停息。"

我说:"确实是这样的。"

他回答说:"斐多,如果有一个真实可靠的知识,但是一个人按照某些论证,发现这个知识一会儿真,一会儿假,这个时候他不责备自己,不认为是自己缺乏辩证的技巧,反而恼怒生气,责备论证本身,从此以后恨上论证,然后就因此失去了获得知识和真理的机会,这岂不可悲?"

我说:"是的,这确实太可悲了。"

他说:"首先我们要当心,不要认为辩论都是有害的诡辩。相反,是我们的能力不健全,所以我们要有点男子汉气概,努力提高我们的能力。你们都在想着你们未来的日子,而我担心的是我的死。我现在担心我丧失了哲学家的气概,成了一个粗人。一个粗人辩论的时候并不担心问题的对错,只担心能否使他自己的听众信服。此刻我和这种粗人的差别在于:

---

[1] 埃夫里普(Euripus),希腊东部的海峡,每日涨落多次。

粗人要让别人相信他说的是真的；而我首先是要让自己相信自己，其次才考虑让别人相信我。我会这么做，然后看看会有什么效果。如果我说的是对的，那我就相信我说的是真理；如果死后什么都没有，或者说灵魂死后只存留一小会儿，我也不会哀号，让我的朋友为我难过。因为我的无知也将会随我一同消失，不会再有什么伤害。克贝和西米亚，我现在以这样的心情来讨论，如果你们同意我说的，那么就别为我考虑，为真理考虑吧。如果你们认为我说得对，那就同意我；如果你们认为我说得不对，就全力反驳我。别让我的热情欺骗了你们，也欺骗了我，就像蜜蜂临死之时也要把刺留在你们身上。"

他说："我们继续吧。首先请让我回想你俩刚刚说了什么。如果我没记错的话，西米亚你认为虽然灵魂比肉体更崇高和神圣，但是因为灵魂是一种和谐，所以你担心灵魂会比肉体先消失。此外，克贝虽然承认灵魂比肉体更持久，但是他认为没人知道，是否灵魂在穿坏很多肉体之后，会随着它穿的最后一具肉体死亡而消失；会有那么一次死亡，它不仅是肉体的死亡，而且由于肉体一直在毁坏灵魂，因此也会有灵魂的死亡。西米亚和克贝，这些就是你们的担心吧？"

他俩都同意这就是他们的担心。

他继续说："对于我先前的论证，你们是全部反对呢，还是反对部分？"

他们回答说："反对部分。"

他说："刚刚我们讨论的一部分是说学习就是回忆，由此我们推出灵魂在托生到肉体之前一定存在于某个地方。对此你们有意见吗？"

克贝说他对这部分论证印象很深，现在仍坚定地相信这个论证。西米亚也同意克贝说的，并补充说他不可能会有与此不同的想法。

苏格拉底回答说："底比斯的朋友啊，如果你认为和谐是组合而成的，身体是由各种类似琴弦的元素组成的，而灵魂就是这些元素的和谐，那么你的想法确实不一样啊！因为你绝不会说和谐是先于那些组成和谐的诸元素的。"

"苏格拉底，我绝不会这么说的。"

"但是当你说灵魂在进入肉体之前存在，它是由一些还不存在的元素组成，这其实就是说，灵魂是身体诸元素的和谐，身体还不存在，但是身体的诸元素已经构成了灵魂。灵魂作为一种和谐，先于组成它的那些元素存在，是吗？和谐与灵魂不一样。琴、弦以及声音是在不和谐的状态下产生的，然后才会有和谐。如果和谐是最后产生的却最先消失，那你怎么使前后两种说法调和？"

西米亚说："我无法让它们调和。"

他说："但是你应该让它们调和的，尤其是和谐，更应该调和。"

西米亚回答说："是应该这么做。"

他说："但是在'学习就是回忆'与'灵魂是一种和谐'这两种说法之间，却没有调和的空间。你选择哪一种说法呢？"

他回答说："苏格拉底，我非常相信学习就是回忆这种说法，这已经被充分论证了。但是对于灵魂是一种和谐这种说法，我不是很信服，这种说法也还没有被充分证明。它只是基于一些似是而非的理由提出来的，很有诱惑力，因此很多人都认同这种说法。我也很清楚，凡是基于或然性提出来的论证都是靠不住的。除非它们在实践中被观察到，否则我们都容易被骗，比如几何学就是这样，在别的事情上也如此。不过学习就是回忆这一点，已经通过可信的理由被证明了，理由就是灵魂在进入身体之前必须存在，因为它的本质就包含着它的存在。我已经凭着充分的理由相信这个结论，因此我不会说灵魂就是一种和谐，也不同意别人这么说。"

他说："西米亚，我们换个角度来看，和谐和复合的东西都是由一些元素构成的，它们的元素是什么性质？它们作为复合物，可以与元素的性质不同吗？"

"当然不能。"

"和谐或者复合物被它们的元素影响，而不是影响它们的元素。"

他表示同意。

"那么,准确说来,对于那些构成和谐的元素,和谐并不能支配它们,相反,和谐应该是顺从它们。"

他点了点头。

"那么和谐就不可能自己运动、自己发声,或者做一些与构成它的元素相悖的事?"

他回答说:"这确实不可能。"

"那么诸元素的调和方式不就决定了和谐的本质了吗?"

他说:"我不懂你的意思。"

"当诸元素调和得越好、越全面,那么和谐本身就会更完善、更全面;当诸元素调和得不是那么好、那么完全,那么和谐本身也就会差一些,就没有那么全面。这就是我的意思。"

"是的。"

"灵魂也是这样的吗?一个灵魂会比另一个灵魂完善些,或者差些,不论程度高低。会这样吗?"

"一点也不会。"

"那这样说呢,一个灵魂有理智、有美德,是善的;另一个灵魂愚蠢一些,是邪恶的,是一个坏的灵魂。这么说对吗?"

"对。"

"那些认为灵魂是一种和谐的人,他们会怎么说灵魂的美德与邪恶?他们会这么说吗?说一种灵魂是和谐的,另一种灵魂是不和谐的。有美德的灵魂是和谐的,它自身就是一种和谐,其内部还包含着另一种和谐;邪恶的灵魂也是一种和谐,但是在它内部没有和谐。会吗?"

西米亚回答说:"我不知道。不过我想那些认为灵魂是一种和谐的人会说类似的话。"

"我们已经承认不会有哪个灵魂会比另一个灵魂更好,也就是说并不会有一个和谐比另一个和谐更完满或者更欠缺?"

"是的。"

"那些不多也不少的和谐是调和得正好,不多也不少?"

"对。"

"那些调和得不多也不少的和谐不会是更完善或者更欠缺的和谐,它们都是同样的和谐,是吧?"

"是的,都是一样的。"

"那么一个灵魂也不会比另一个灵魂完善或者欠缺,它们的调和程度都是一样的?"

"确实是。"

"因此也就没有更完善或者更欠缺的不和谐,同样,也没有这样的和谐,是吧?"

"确实不会有。"

"如果我们把邪恶看作不和谐,把美德看作和谐,但是因为不会有更完善或者更欠缺的和谐与不和谐,所以也就是说,一个灵魂不会比另一个灵魂具有更多的邪恶或者美德,是吗?"

"完全不会有。"

"西米亚,更进一步说,如果灵魂是和谐的话,那么灵魂就不会有邪恶了,因为和谐就是完全的和谐,它不包含任何的不和谐。"

"确实不包含。"

"那这就是说灵魂作为绝对的灵魂,就不会有邪恶了?"

"按照前面的论证,只能是这样了。"

"如果所有的灵魂天生都是平等的,那么所有生物的灵魂都是一样好的了?"

他说:"苏格拉底,我同意你的推理。"

苏格拉底说:"从灵魂是一种和谐我们可以推出上面的那些结论,你认为这些结论对吗?"

"不对。"

苏格拉底说:"此外,对于组成人的各部分,除了灵魂之外还有什么可以做主?特别是那些聪明的灵魂?你知道还有什么吗?"

"应该就是灵魂了,别的我就不知道了。"

"那灵魂对肉体的爱好是同意呢,还是反对?比如当肉体热或者渴的时候,灵魂会反对肉体,阻止它喝水吗?当肉体饿的时候,阻止它吃东西?这只是灵魂反对肉体的诸多例证中的两个而已。"

"是这样的。"

"但是我们之前不是说过了吗？如果灵魂是一种和谐，就会有产生这种和谐的那些弦。灵魂不会与这些弦的紧张、松弛、变化以及别的爱好不一致的；灵魂作为一种和谐，是不能支配产生它的那些弦的，只能顺从，是吗？"

克贝回答说："一定是的。"

"现在我们不是发现了灵魂与肉体完全对立吗？灵魂支配那些据说是构成它的各部分，一生之中总是在反对肉体、支配肉体，有时甚至是采用暴力的方式，比如通过治病或者体育训练的痛苦；有时又是采用温和的方式。对于肉体的那些欲望、激情和恐惧，灵魂一会儿威胁它，一会儿劝诫它，像是在和一个与自己毫不相关的东西说话，就像荷马在《奥德赛》中写奥德赛那样：

　　他捶着自己的胸口，谴责自己的良心说：'我的心，忍受吧，你已承受过比这还大的痛苦！'

"你认为荷马写下这句话的时候,他会认为灵魂是一种和谐吗?他会认为灵魂会受到肉体的支配,还是说因为灵魂远比和谐要神圣得多,因此是灵魂支配和控制肉体?"

"是的,苏格拉底,应该是灵魂支配和控制肉体。"

"那么我的朋友,说灵魂是一种和谐应该是不对的,因为这明显与神圣的荷马相悖,也与我们自己相悖。"

克贝说:"是的。"

苏格拉底说:"那我们已经和你们底比斯的女神哈耳摩尼亚[1]和解了;接下来我们要怎样说,才能讨得她丈夫卡德摩斯[2]的欢心?"

克贝说:"我认为你会找到方法来安抚卡德默斯的。不过我怎么也没有想到,你竟然以这种方式提出

---

1 哈耳摩尼亚(Harmonia),古希腊神话中的女神,底比斯(Thebes)的守护神之一,象征和谐与统一。
2 卡德摩斯(Cadmus),底比斯(Thebes)的创始人,也是女神哈耳摩尼亚(Harmonia)的丈夫。

论证，反驳了和谐这种说法。当我听到西米亚说出他的困惑的时候，我认为是没法回答的，但是你一下子就反驳了他，真是太让我吃惊了。我想对于另一个你称之为卡德摩斯的问题，也会与和谐说有相同的命运。"

苏格拉底说："我的朋友，别吹捧我了，免得嫉妒之人打乱我要说的话。不过我的论证是否可靠，全掌握在神的手里。让我们用荷马的方式，看看你说的话是否站得住脚。你说的话大概有以下几点：你想要我证明灵魂不灭、不朽。如果一个哲学家认为他在另一个世界会比现在活得更好，对死亡抱着坚定的信心，但倘若他没能证明这些话，那么他这么想不仅是徒劳的，还显得很愚蠢。你认为即便证明了灵魂很有力、很神圣，以及灵魂的存在先于人，但是从这些并不能必然推出灵魂不朽，只能得出灵魂在我们生前活了很久，知道很多东西，做了很多事，而这根本不能说明灵魂是不死的。当灵魂进入身体的时候，它就染上了病，开始分解；最后，经过多次的轮回，它终归会迎来死亡。不论灵魂是一次还是多次进入身体，都没有区别,因为人终归都是怕死的。一个人如果不知道灵魂不死,或者不能证明这点,如果他不是傻子,那么他一定会害怕死亡。克贝,我想这些就是你的观点吧,当然,可能还有别的。为避免忘了你的某些观点,我有条理地来回想你说的话;如果你还有什么补充的,请说。"

克贝说:"就目前而言,我没有什么要补充的,你说的这些就是我的意思。"

苏格拉底停了下来,似乎陷入了沉思,过了一会儿才说:"克贝,你这个问题很大啊!这个问题涉及产生和消灭的整个原因。对此,如果你愿意的话,我可以说一说自己的经验;如果我说的东西对解决你的问题有用的话,你就用它们来解决你的问题。"

克贝说:"我非常乐意听听你的经验。"

苏格拉底说:"那我就说一说。我年轻时,对研究自然科学这一门学问很感兴趣。为什么一个东西是那个样子,为什么它被创造和摧毁等等,这些问题都是我非常想了解的。我认为研究这些东西是一种非常崇高的职业，我心里一直为这些问题魂牵梦绕：是不是像一些人说的那样，事物的成长是由于冷热原则的对立酝酿出来的？我们之所以能思想，是由于血，还是气，或者火？还是说都不是，我们听、看和闻等感官的最初动力只是我们的大脑，记忆和思想由感官产生，当记忆和思想固定之后，就有了科学？然后我又去考察这些事物的消亡，上观天文，下察地理，最后我得出结论：我自己完全不适合研究这些东西。我可以向你充分证明这点。研究那些东西让我完全昏了头，那些我以前知道的东西，别人也都知道的东西，到头来我发现我竟然不知道了。我以前相信自己懂得很多东西，但是经过这番研究，我竟然不懂了。比如，人的生长是由于吃喝，经过消化，吃什么长什么，吃肉长肉，吃骨头长骨头；相互合适的东西长到一块，小块的变大块，小个子变成大个子。你认为这个想法有道理吗？"

克贝说："我认为很有道理。"

"好，我再多说些。曾经我以为我对大小很了解。当我看见一个大个子站在一个小个子旁边时，我知道大个子比小个子高一个头；我也知道一匹马会比另一匹马高大；我也很清楚地知道十比八大二，两尺比一尺长，因为两尺是一尺的两倍。"

克贝说："那你现在对这些东西怎么看？"

他回答说："苍天在上，我再不认为我知道这些事物的原因了。当一加上一的时候，究竟是某一个一变成了二，还是这两个一相结合起来从而都变成了二，对此我完全不清楚。我也不明白，为什么这两个各在一处的时候都是一，不是二，可为什么把它俩放在一起就变成了二。我也不懂为什么把一分开就成了二，这与前面一加一的方式相反，为什么结果都是一样的？前面是通过相加得到二，这里却是通过相减得到二。我的大脑完全困惑了。我再也不认为我知道事物产生、消亡以及存在的原因了；我再也不相信我以前的研究方法了。

"我听别人说他读到阿那克萨哥拉的一本书，书里说心灵安排了万物，是一切的原因。我感到很高兴，这实在是太鼓舞人心了！我心里想，如果心灵真的安排了万物，那么一定会把万物安排得最好，让每一件东西都各就其位；如果谁想要发现事物产生、毁灭以及存在的原因，他必须先找出该事物最好的状态：它是什么的时候最好，它做什么的时候最好，它承受什么的时候最好。因此人只需考虑对他自己和别人以及他物来说什么是最好的。当然他还得知道什么是坏的，因为知识必然包含着两方面。我认为我在阿那克萨哥拉那里找到了一位老师，他能告诉我事物存在的原因，这是我很想知道的，一想到这我就很高兴。我想，他首先会告诉我大地是平的还是圆的，究竟哪种说法才是对的；然后他会进一步给我解释其原因和必然性；他还会告诉我最好的本质是什么，然后会为我证明。如果他说地球是宇宙的中心，那么他会解释为什么这样是最好的，并且他的解释会让我满意的，不会有什么欠缺。我还要问他关于太阳、月亮以及其他星体的事，他会告诉我它们的运动、轮转以及变化，让我知道不论主动还是被动，它们最好的状态是什么。他既然跟我说心灵是万物的安排,那我就难以想象他会给出除心灵之外别的原因。我想他会告诉我对每一个事物以及对所有事物什么是最好的,然后他还要解释为什么这对每一件事、对所有事会是最好的。我心里产生的这些希望很宝贵,因此我抓到书就飞快地读,急切地想知道什么是更好的,什么是更糟的。

"但是我曾有多期盼,后来就有多失望。我一往下读,就发现这个哲学家完全忘记了心灵是最终原因,反而将原因诉诸气、以太[1]、水以及一些奇奇怪怪的东西。打个比方说,就像有人说苏格拉底的心灵是他一切行为的原因,但是当他要具体解释这些行为的原因时,比如解释我为什么坐在这里,他会说是因为我的肉体是由骨头和肌肉构成的。然后又说我的骨头是硬的,分成一节一节地连在一起;我的肌肉包着骨头,它们是有韧性的;还有一层肉和皮肤包裹

---

[1] 以太(Ether),在古希腊哲学和神话中,通常指的是一种纯净、神圣的"清气"或"上层空气"。

着我的肌肉。通过肌肉的伸缩，一节一节连在一起的骨头就可以动起来，进而我就可以弯着我的腿。这就是我能把身体弯着坐在这里的原因，他会这样解释我坐在这里。对于我和你们谈话，他也会给一个差不多的解释。他会把原因归于声音、空气、听觉以及数不尽的东西；却忘了真正的原因是雅典人认为判我死刑最好，而我又认为待在这里接受处罚最好。如果我不是选择我心灵认为最好的、最高贵的方式，而是选择逃跑，那么，凭神狗发誓，我的骨头和肌肉也会选择它们认为最好的方式，那它们早已经到了麦加拉和维奥蒂亚[1]。因此把胫骨称作原因是很荒谬的。诚然，没有骨头、肌肉以及身体的其他部分我就不能做想做的事；但是如果说我之所以做某事是因为胫骨，我的心灵做什么并不是因为这样做最好，而是基于它们，这么说就是无稽之谈了。我认为这么说混淆了原因和条件，把原因附带的条件错认成了原因。这样

---

1 维奥蒂亚（Boeotia），古希腊城邦。

做只是在黑暗里摸索。于是就会有人说宇宙是一个漩涡,地球处于漩涡中心,天空围绕地球转;也有人说地球就像一个水槽,由空气托着。但他们从来不去想是什么力量将地球安排在最好的位置,也不认为有个神圣的力量,却生硬地给世界找出一个阿特拉斯[1]来,认为他能比善[2]还要强大、永恒,更能包罗一切。并且,他们认为那包罗一切的善一文不值。如果有人能教我这样一种因果关系的话,我是很乐意学的。可是我找不到好老师,自己也不能学。克贝啊,你愿意听我讲我应对因果关系的权宜之计吗?"

他回答说:"我很乐意听你说。"

苏格拉底继续说:"当我直接思考真正的存在失败之后,我认为我应该小心,别弄瞎了我灵魂的眼

---

[1] 阿特拉斯(Atlas),以强大的力量著称。他因参与提坦之战(Titanomachy)对抗宙斯(Zeus)失败而被罚,要永远用双肩支撑天空,以维持天地的平衡。

[2] 柏拉图认为,世界的本质和原因在于理念(Forms),即超越感官世界的永恒、不变的抽象本质。在柏拉图的理念论中,所有理念之间有明确的层次和次序,而最高的理念是善的理念。

睛，就像那些在日食的时候直接看太阳的人一样；而是应该以水为中介，看太阳在水里的投影，或者以别的类似的东西为中介。对我而言，我担心如果我直接用眼睛或者凭借别的感官来看，我的灵魂会变盲目。于是我决定寻求心灵的帮助，在心灵里来寻找和考察真正的存在。我的比喻不太恰当，但我绝不是说以思想为媒介来思考真正的存在，会比在实践中思考真正的存在更清楚。不过我起初采用的就是这个方法。我假设一个牢不可破的原则，然后，只要与这个原则相符合，不论是原因方面的还是别的方面的符合，我都认为是真的；那些与此不相符的则将其视作是假的。我认为你还没有完全理解我的意思，因此我会更清楚地解释我的意思。"

克贝说："确实不太清楚。"

他说："我要说的也不是什么新东西，只是我一直在讲的，在以前的讨论中讲过，在别的场合也讲过。要讲清楚我心里一直在想的原因是什么，我们得先回到我们常常谈的那些话题上：首先我们得假定存在绝对的美、绝对的善、绝对的大,等等观念。如果你承认这点,我就能讲清楚原因是什么,并向你证明灵魂不朽。"

克贝说:"我同意这个假设,请马上证明吧!"

他说:"好,我想知道你是否也同意这一点:我认为要是有什么美的东西的话,那是因为这些美的东西都有了绝对的美;对于别的东西也一样。你同意我对原因的这种观点吗?"

克贝说:"是的,我同意。"

苏格拉底接着说:"除此之外,我不知道还有什么别的东西可以充当原因。如果一个人说花之所以美,原因在于它的颜色、形状,或者别的什么,我会不予理睬的,因为这种说法只会让我困惑。我只简简单单、直截了当,甚至是有点傻地主张:一个东西之所以美,只是因为这个东西有了美。美的东西和绝对的美之间获得了某种联系,虽然我不知道它们是怎么产生联系的,但是我很确定一个东西美只是因为它有了美。不论是对我还是对别人,这是我能给出的最好的回答了，谁也不能推翻这条原则。无论是我还是别人，这么回答都是最稳妥的：美的东西之所以美是由于有美。对此你同意吗？"

"同意。"

"大的东西之所以大或者变大是由于具有了大，小东西变小是由于具有了小，是吗？"

"是的。"

"那么如果有人这样说，A比B高一头是因为高一个头，B比A矮也是因为矮一个头，你别信他这种说法。你要坚持说一个人个子更大只是因为具有了大，同样一个人个子更小只是因为具有了小。千万要避免那种错误又危险的说法，说一个人个子更大或者更小都只是因为一个头的高度，而这个头是很小的。这么说不很奇怪吗？这么说你应该感到担心，不是吗？"

克贝笑着说："确实是。"

"同样，你也不能说十比八大是因为二，而不是因为数额更大；也不能说二尺比一尺长是因为二尺的某一半，而不是因为长。这里和前面都容易犯一样的错误,是吗?"

他说:"确实是。"

"此外,把两个一合在一起的加,或者把一分开的减,是二的原因,说这种话你也要当心吧?你要大声宣告,使每样事物存在的原因是它自身具有的那种本质。因此你会明白二的原因在于它具有了'二',这就是产生二的原因。同样,一的原因在于具有了'一'。你就可以这么说了:'至于加和减,把它放到一边去吧,留给那些聪明人去解释吧。'因为我对此毫无经验,像别人说的那样,我连影子都害怕;所以我不能放弃这个原则,它是那么牢靠。如果有人攻击你,别理他,别回应他,先看看他的推理是否一致。当你需要进一步解释这个原则的时候,你可以假设一个更高的原则,层层递进,直到你找到一个合适的原则;如果你要寻求真正的存在,千万别像那些诡辩家一样,把原则和结果混淆。他们一点都不关心这些事,把一切都弄得乱糟糟,却还自诩聪明。如果你想做一个哲学家而不是诡辩家,那就照我说的做。"

西米亚和克贝齐声说:"你说得太对了。"

伊奇克拉底:斐多啊,他俩都表示同意,我一点儿也不觉得意外。任何人只要有最起码的理解,都会承认苏格拉底的推论是多么地清楚明白。

斐多:伊奇克拉底,确实是这样,当时在场的人也都这么觉得。

伊奇克拉底:是啊,即便我们没在场,只是听你转说,我们也觉得清楚。后来怎么样啊?

斐多:大家都承认苏格拉底说得对,都承认存在很多理念,承认一件东西具有某种理念,就有某种名字。如果我没记错的话,苏格拉底接下来是这样说的:

"如果你们都承认的话,当你们说西米亚比苏格拉底大,比斐多小。你们并不是说西米亚既有大的理念,又有小的理念,是吧?"

"是的。"

"但是说西米亚比苏格拉底大,并不是说因为他是西米亚,就比苏格拉底大,而是因为他的块头很大;西米亚比苏格拉底大,也不是因为苏格拉底,只是因为苏格拉底在和西米亚比较的时候,他的块头比较小,对不对?"

"没错。"

"说斐多比西米亚块头大,也不是因为斐多就是斐多,只是因为斐多的块头比西米亚大,西米亚块头相对比较小,是吗?"

"是的。"

"因此,我们有时说西米亚块头大,有时说他块头小,是因为他的块头处在两个人之间,比块头小的那个大,比块头大的那个小。"苏格拉底笑着说道,"我就像在念公文,不过我说的是对的。"

西米亚表示同意。

"我这么说,是希望你们同意我的观点。我认为不仅绝对的大永远不会既包含大,又包含小;我们身上的大以及具体事物上的大也不会包含小或者允许被小超过。相反,事情只能是这样:要么当小靠近的时候大就走了,要么是小接近的时候大就停止了。大是不会包含小的,因为这样会改变大自身。我承认和西米亚比，我个子小。我是一个小个子，即便如此，我身上的大也不会改变或者变小。同样，我们身上的小也绝不会变大。任何对立的东西永远都是对立的，永远不会变成它的对立面，只会在变化中消失不见。"

克贝回答说："我完全同意。"

这时在场的一个人（我忘了是谁了）说："我的天哪！这不正好和我们之前承认的矛盾了吗？我们之前说更大的产生自更小的，更小的产生自更大的，对立的事物永远从它的对立面产生；但我们现在说的似乎完全否认了之前说的。"

苏格拉底把头斜向说话的人，听他说完之后，苏格拉底说："说得好，你的提醒很有勇气。但是你没注意到这两个情况是不同的。我们之前说的是具体事物的对立，现在说的是本质层面的对立。我们已经承认，本质的东西，不论是在我们身上还是就其自身而言，都是不会变化的。我们以前谈的是具有相反性质的事物，各自依照其性质有不同的名称；而现在我们说的相反者，它们是本质，具有相反性质的事物因其而得名。这些作为本质的相反者永远都不会变化，也不会相互产生。"

这时苏格拉底转向克贝说："听了我们这位朋友的反驳，你有什么困惑吗？"

克贝说："我承认有些反对意见经常让我困惑，不过我现在没有什么困惑。"

苏格拉底说："相反者无论如何都不会成为它自己的对立面。对此我们都同意吗？"

他回答说："完全同意。"

"不过我还是想让你们再从另外一个角度来思考一下这个问题，看你们是否也还同意我。有一种东西我们称之为热，另一种称之为冷，是吗？"

"是的。"

"它们与火和雪一样吗？"

"完全不同。"

"也就是说热与雪不同，冷与火不同，是吧？"

"是的。"

"我下面说的你们肯定会同意。当雪受到热影响时，它不能又是雪又是热，而是在热来的时候，雪就消失不见了，对吧？"

他回答说："对。"

"火也是这样的吧？当冷出现的时候，火就会消失不见；当火受到冷的影响时，它就不再是以前的样子了，它又是火，又是冷。"

他说："没错，是这样的。"

"理念的名称不仅可以一直用于理念，在一些情况下，还可以用于一些事物。这些事物不是理念，它们只以理念的形式存在，因此也可以使用理念的名称。我会举个例子，把我的意思解释得更清楚。奇数永远被称为奇数，对吗？"

"对的。"

"奇数这个概念永远被称为奇数，除此之外，还有什么东西，它们有自己的名称，但是也可以被称为奇数的吗？因为即便它们和奇数这个概念不同，但是也不能和奇数这个概念分开。我的意思是说，是否像三这样的数是奇数。除了三，还有很多例子。就拿三举例吧，三有它自己的名字，就叫三，不过还可以说三是奇数，但是奇数并不是三；不仅三，还有五以及任一奇数都是这样，虽然它们不等同于奇数，但是它们都是奇数。同样，二、四以及偶数序列中的任一偶数虽然不等同于偶数，但是都可以叫作偶数。对此你同意吗？"

"当然同意。"

"现在请注意我要说的。不仅是本质层面的对立者会排斥对立面，具体的东西，就算它们内部并不彼此对立，也会排斥某些东西。这些具体的东西具有某种理念，那些与它们具有的理念对立的理念，它们会排斥；当这些对立的理念接近它们的时候，它们要么消失，要么后退。比如说，三这个数只要还是三，就宁可消失或者遭受别的什么，也不会转变为偶数，你们同意吗？"

克贝说："同意。"

他说："不过二和三并不对立吧？"

"不对立。"

"那么不仅对立的理念在接近的时候会排斥,也有别的东西在接近的时候会相互排斥。"

"是的。"

苏格拉底说:"我们要想方法确定这些东西是什么吗?"

"应该这么做。"

"克贝,它们是不是这样的东西呢?它们被某些理念占有,并且它们不仅拥有这些理念,还有另外一个理念,而这个理念有自己对立的一面。"

"这是什么意思呢?"

"和我刚才说的是一个意思。你一定知道是什么意思。比如一个东西如果被三的理念占有,那么它不仅是三,还是奇数。"

"是这样的。"

"数目三是奇数,那么奇数的对立面就不会出现在三这里。"

"的确不会。"

"产生这个结果的是奇数理念吗?"

"是的。"

"奇数与偶数相对立吧？"

"是的。"

"那么偶数的理念就绝不会出现在三这里吧？"

"不会。"

"那么三就没有偶数的理念？"

"一点也没有。"

"那么数字三就是非偶数了？"

"是的。"

"回到我们刚才的区分。有些事物虽然不对立，却不是相互包容的。比如之前那个三的例子，尽管三并不是偶数的反面，但是三不包含偶数，而且永远在偶数的对立面；二不包含奇数，火不包含冷也是这样。还有很多这样的例子。不过从上述的例子我们就能得出一个普遍的结论：不仅对立者不会包含对方，一个东西如果具有某种理念，那么只要是与它具有的理念相对立的理念，它也不包含；那些具有这个对立理念的东西，它也不包含。现在我们重温一下之前的东西，多回忆几遍也没什么坏处。数字五不会包含偶数的理念，五的两倍——十也不会包含奇数的理念。两倍有它自己的对立面，它的对立面不是奇数，但是它也不会包含奇数的理念。一又二分之一以及其他带分数、三分之一以及其他简单分数，尽管它们的对立面不是整数，但是它们都不会包含整数的理念。你们同意我说的吗？"

他说："我完全同意，我愿意跟着你讨论下去。"

苏格拉底说："好，那我们从头开始，你们可不能用我问的话来回答我。现在先不管一开始说的那个稳妥的答案，我们看一下另一个稳妥的答案，它是从刚刚说的那些话里推出来的。如果我问你是什么东西使物体发热，你不要回答热，这就是我所说的稳妥但也很傻的回答，你要给我一个更深一层的回答，比如火。或者问你是什么东西在身体里造成了疾病，你不能说是疾病，但是你可以回答是发烧。同样，你也不能说是奇数造成了奇数，而只能说是统一。总之，别的事情也一样，我想你应该完全理解我的意思了，无须再解释了吧？"

他说："是的，我完全理解你的意思。"

"那好，请告诉我，肉体里的什么东西使得肉体有了生命？"

他回答："灵魂。"

"总是这样的吗？"

他说："当然了。"

"那么只要灵魂占有一个肉体，它就会带来生命吗？"

"是的。"

"生命有对立面吗？"

他说："有。"

"对立面是什么？"

"死亡。"

"那么，我们之前已经承认，既然灵魂占有肉体，那么肉体的反面灵魂，绝不会包含肉体。"

克贝说："不可能包含。"

苏格拉底说："我们刚才说与偶数对立的是

什么？"

"奇数。"

"那与教养和正义对立的是什么？"

他说："无教养和不正义。"

"与死亡对立的那个东西我们叫它什么呢？"

他说："不朽。"

"灵魂会与死亡包容吗？"

"不会。"

"那么灵魂就是不朽的？"

"是的。"

"那我可以说我已经证明灵魂不朽了吗？"

他说："苏格拉底，你已经完全证明了。"

"假如非偶数是不灭的，那么三也是不灭的吧？"

"是的。"

"如果不热是不灭的，那么当热和雪发生冲突的时候，雪就会撤离，因此不会融化。因为我们说了它不会消灭，并且也不会和热共存。"

他说:"对。"

"此外,如果不冷是不灭的,那么冷接近火的时候,火是不会消灭的,它会安然无恙地离去,对吗?"

他说:"肯定的。"

"我们也可以这么说不朽,如果不朽就是不消灭的话,那么当死亡接近的时候灵魂也不会消失。因为我们之前已经证明灵魂和死亡不会相互包容,所以灵魂不会死,就像三或者奇数不会与偶数相包容,火以及火中的热不会与冷相包容一样。不过有人或许会说:'奇数在碰到偶数的时候,奇数不会变成偶数,那为什么不可以是奇数消失,然后偶数代替奇数?'对于这种反驳,我们不能只回答说因为奇数是不灭的,因为他也承认这点。但是既然我们承认了这点,我们就会知道当偶数靠近的时候,奇数和三就会离开。对于火或者热也可以这么说,是吧?"

"是的。"

"不死也是这样的。如果不死就是不消失的话,那么灵魂既然不会死,灵魂也就不会消失。如果不是的话，那我们就还需要再给出新证明，证明灵魂不消失。"

克贝说："无须新的证明了。如果不死的、永存的也都会消失，那也就没有什么东西不会消失了。"

苏格拉底回答说："是的，我想所有人都会同意神、生命的理念以及很多不死的东西都是不会消失的。"

他说："是的。所有人都会同意，并且我觉得神也会同意。"

"我们知道不死是不会被摧毁的，如果灵魂是不死的话，那么它一定不会消失。"

"一定是这样的。"

"那么当死亡靠近一个人的时候，会死的那一部分会死，而不会死的那一部分仍旧会安然无恙、完完整整地保存下去，是吗？"

"是的。"

"克贝，那么毫无疑问，我们的灵魂是不死的、不消失的。我们死后，我们的灵魂会在另一个世界继续存在。"

克贝说:"苏格拉底,我已经被说服了,没有什么要反对的了。不过不知道西米亚或者别人是否还有意见,如果有的话,那就说出来吧,不要沉默不语。因为我不知道以后我们是否还能再有时间来讨论,谁如果有什么话,那就直说吧。"

西米亚说:"我也没有什么要说的了。听完苏格拉底说的这些之后,我也没有什么疑惑了。但是我一想到我们讨论的话题太大,而人又是那么脆弱,我心里难免觉得有点不确定。"

苏格拉底回答说:"你说得对,不过还要再补充一点:虽然最初的那些原则看起来很确定,但是还需要进一步考虑。因为如果你足够仔细地考察它们,那么你就会遵从这个论证了;如果你已经很清楚明白,那么就不用再进一步探究了。"

"你说得对。"

他说:"我的朋友,如果灵魂是不死的,那么我们要怎么照料灵魂?不只是我们活着的这一生要照料它，还要永永远远照料它。现在我们知道，如果忽视了灵魂就很危险可怕了。如果死亡可以结束一切，那么恶人就会有一个好结果。因为死亡不仅可以让他们从身体中解脱，还可以让他们摆脱灵魂的恶。但是现在我们知道灵魂显然是不死的，只有高尚的道德和智慧可以让灵魂摆脱恶。因为灵魂在去往另一个世界的时候只会携带一样东西，那就是它们的美德和教育；据说从这里启程去往另一个世界时，灵魂是享福还是受苦，与此有着很大的关系。

"据说每个人在活着的时候都有一个守护神。死后守护神会把他们带到一个亡灵聚集的地方，他们在那里接受审判，然后就被某个看护的神灵带到另一个世界。在那里他们会受到应得的报应，待足够长的时间，经过很多世代之后，另一个守护神又把他们带回来。这条路并不像埃斯库罗斯和忒勒福斯[1]说的那样，是笔直的、单一的，如果真是这样的话，就不

---

1 忒勒福斯（Telephus），大力神赫拉克勒斯之子。

需要守护神指引了,因为无须指引也不会迷路。根据我对丧葬仪式和祭祀神灵的观察,这条路其实有很多岔路。那些守规矩、有智慧的灵魂跟着指引走,也知道自己的处境;而那些迷恋肉体的灵魂,则像我之前说的那样,长期徘徊游荡在这个世界上,反复抵抗,受尽折磨,才被守护神强行带走。当灵魂到达亡灵聚集之地时,如果它是不纯洁的,或者做过坏事,比如谋杀或者别的,那么别的灵魂都会躲着它,没有哪个灵魂愿意与它为伴,也就没有灵魂愿意指引它。它只能独自在罪恶中徘徊,经过一段时间,才被赶到与它相匹配的地方去生活。那些纯洁而正义的灵魂则与神为伴,神会指引它们,去往它们应该居住的地方。

"地球上有很多奇妙的地方,但是地球本身的性质和大小与地理学家们说的完全不同,我只相信某些人的权威说法。"

西米亚说:"苏格拉底,你这是什么意思?我听过许多描述地球的话,但是不知道你相信的那种是什么样的,我很想听你说说。"

苏格拉底回答说:"即便我没有格劳克斯[1]的能力,我也可以讲讲,但是如果要让我证明的话,就算我有格劳克斯的能力我也做不到。再说,就算我能,我恐怕也没有时间了,因为不等辩论结束我就要死了。不过尽管如此,我还是可以说说我心里想的那个地球是什么样的。"

西米亚说:"这已经足够了。"

他说:"我认为地球是一个圆形,位于天空的中心,因此它无须空气的支撑,也不需要别的类似的力量的支撑,仅凭借它周围天体的均衡和它自己的平衡,它就会定在那里而不会掉落。因为平衡就意味着处在中心,周围充满均衡,不会有任何的倾斜,只会保持原有的位置。这是我相信的第一点。"

西米亚说:"这点是对的。"

---

[1] 格劳克斯(Glaucus),起初是个渔夫,吃了仙草之后成为海神。他熟知海上路线,为航船导航,也善预言。

"第二,我认为地球很大。我们住在从费西斯河[1]到赫拉克勒斯柱[2]之间的这一块地,但这只是海边的一小块地而已,就像池塘边的蚂蚁和青蛙,而地球上还有很多类似的居住地。地球上还有很多形状不一的空间[3],其中充满了水、雾和气。而地球本身是纯洁的,处在纯洁的天空之中。天空有星星,我们通常把天空称之为以太,水、雾和气都是以太的沉淀物,汇集在空间之中。我们住在空间之中,却以为我们居住在地球之上,就像那些活在海底的生物一样。它们以为自己是在海面,事实上它们是通过海看见太阳和星星的,却以为海就是天空;由于自身的脆弱和懒

---

[1] 费西斯河(Phasis),高加索以南的河流,流入黑海。
[2] 赫拉克勒斯柱(Pillars of Heracles),是古希腊人对直布罗陀海峡两侧山脉的称呼。根据希腊神话,赫拉克勒斯分开两山,形成海峡,象征已知世界的边界。
[3] 这里的空间写作 hollow,指的是古希腊人对宇宙的直观理解:人类生活在天空之下和大地之上的中空空间里,犹如被罩住一般。hollow 形容这种拱形或中空的空间,反映了古希腊人对宇宙结构的想象。

惰，它们从没有到过海面，也未曾抬头看过一眼，也没有听那些见过的人说过上面的世界比它们的那个世界更纯洁。我们的情况也是这样的。我们住在地球的一个空间里，却以为我们是在地球的表面。我们把空气当作天空，认为星星在里面运动，事实是由于我们的脆弱和懒惰，我们没有到过空气的表面。如果谁到达上面的边界，比如有翅膀，飞到顶端去看看，就像鱼儿把头冒出水面看见这个世界一样，他将看见另一个世界。如果人能承受得住这种异象，那么他就知道哪个世界才有真的天空，才能看见真的光和真的地球。而我们现在住的这个地方，这些石头，这整个区域，都已经被腐蚀了。就像海底已经被海水腐蚀了一样，在那里已经长不出什么好东西来了，只有一些洞穴、沙子和数不尽的污泥；但即便是海滨也不能和我们这个世界相比。此外，我们这个世界没有我们上面那个世界好。西米亚，关于地球之上、天空之下的那个世界，我可以告诉你一个精彩的故事，值得一听。"

西米亚回答说:"苏格拉底,你说的我们一定会听的。"

他说:"我的朋友,这个故事是这样的:据说地球从上面看下来,它的表面就像是一个由十二层皮包裹着的球,有着各种各样的颜色,就连我们的画家用来画画的颜色都只是它们的样品。但是整个地球都是由那些颜色组成,那些颜色比我们见到的颜色都鲜亮。一些是无与伦比的紫色,一些是灿烂的金色,而那些白色比任何粉和雪都还要白。地球就是由这些颜色组成的,并且这些颜色比我们见过的那些颜色还要多,还要美丽。我之前说的那些空间,它们充满着气和水,也有自己的颜色;这些颜色很多,看起来就像闪烁着的光,整个看起来像是一道连续的彩带。在这片美丽的地方还生长着很多东西,有树、花以及水果,比我们这里更美丽;另外还有山,山上的石头很光滑、透明又美丽,甚于昂贵的祖母绿、红玛瑙、翡翠等宝石,可以说这些宝石也只是它们的一小部分而已。之所以如此,是因为那里的石头都处在自然状态，我们这里的石头却受到了咸水的侵蚀和损坏，而地球、石头以及动植物的丑陋和疾病都是咸水引起的。地球的表面满是宝石和金银，闪着光，又多又大，看见的人都会觉得很幸福。上面还住有动物和人，一些住在中间，一些住在气的旁边，就像我们住在海边一样，还有一些住在岛上，靠近大陆，周围全是气。他们会使用气，就像我们用水那样，以太对它们而言就像空气对我们一样重要。另外，那里的气候也很好，所以住在那里没有疾病，会比我们活得更久。他们也有眼睛、耳朵、鼻子以及别的感官，不过他们的感官比我们的要好。同样，那里的气比我们的水纯洁，那里的以太也比我们的空气好。另外，那里也有神庙，神就真的住在里面，那里的人能听见神的声音，能得到神的回答，能意识到神，还能和神交谈。他们可以看见日月星辰的真实样子；他们还有很多与此相似的幸福。

"整个地球以及它周边事物的本质就是这样的。在地球的表面还有很多不同的空间，和我们住的这个空间比起来,有一些更深也更长;另一些很深,但是上面的开口更窄;还有一些更浅但更宽。所有的空间都有很多孔道,有些宽,有些窄。这些孔道把空间连起来,里面有水流来流去,从一个盆地流到另一个盆地。水流很大,有热的,也有冷的;还有火的河流和泥浆的河流,有些浓些,有些稀薄些,就像西西里的泥浆一样,起初河里流着水,后来就变成了泥浆,最后泥浆遍布很多地方。地球内部还有一条缝,它的震动使河流发生涨落。发生震动是因为这些裂缝中最大的那个裂缝贯穿了整个地球。荷马这样描述这条裂缝:

在很远的地方,在地底下最深的地方。

"荷马以及别的诗人有时把这条裂缝称之为塔塔洛斯[1]。所有的河流都流进这个裂缝,然后又从里面流

---

[1] 塔塔洛斯(Tartarus),希腊神话中的地狱。

出来。这些河流流过哪片土地，它就会有哪片土地的性质。这些河流之所以要从这条裂缝里流进又流出，是因为这些流动的东西没有固定的根基，因此只能反复流动，时涨时落。它们周围的风和气也是如此，跟随着液体在地球上涨涨落落，流来流去，就像呼吸一样，一会儿呼气，一会儿吸气。当风伴随着液体流进流出时，就产生了可怕的、难以抵抗的狂风。当液体退到低地的时候，就会流进那里的河道，把那里填满，就像水泵打满的那样；当液体离开低地回到以前的地方时，又再次填满那个空间。如果河道满了的话，它们就会通过地下暗河去往别地，由此形成了海、沼泽和小溪。从那里，它们有的进入地下，有的流经很多地方才回到塔塔洛斯之中，有的流经很少的地方就回到了塔塔洛斯，有些则围绕着大地流动了很多圈。塔塔洛斯的入口比地上一些口低很多，和另一些相比则不是很低，但总的来说都是低于地上的口的。有些河流是从它们原先流出的地方流回来，有些则是从出口的对面回来，有些则像条蛇一样，围绕地球流很多圈，最后落入塔塔洛斯。但是不论怎样，这些河流最后都会回到塔塔洛斯。并且，河流只能从两边流到中间去，不能从中间流向两边，因为两边都是悬崖峭壁。

"河流很多很大，有各种各样的。其中有四条主要的河流，最大的那条在最外层，叫作俄刻阿诺斯[1]，它绕着地球流了一圈。与俄刻阿诺流向相反的是阿刻戎河[2]，它在地底下流动，穿过了好几个沙漠，最后流进阿刻卢西亚湖[3]。许多人死后，他们的亡灵就是去这个湖边，在湖边待足规定的时间后（有的待得长，有的待的时间短），亡灵才被送去投胎。第三条河在

---

1 俄刻阿诺斯（Oceanus），希腊神话中环绕大地的巨大河流，也是原始海神的名字。他是提坦神之一，与妻子忒堤斯（Tethys）生下了三千条河流和三千位海洋仙女。古希腊人认为，俄刻阿诺斯是所有水体的源头。
2 阿刻戎河（Acheron），希腊神话中的冥河，被称为'悲伤之河'或'痛苦之河'。亡灵必须渡过此河进入冥界，摆渡人是冥界船夫卡戎（Charon）。是希腊神话中冥界的五条河流之一。
3 阿刻卢西亚湖（Acherusian Lake），希腊神话中的冥界湖泊，与阿刻戎河相连。

前面两条河之间，在这条河的出口附近有一大片燃烧着的火，由此形成了一个很大的湖，比我们的地中海还要大。这个湖里全是沸腾着的水和泥浆，浑浊的泥浆从这里流出来，绕着地球流，流经很多地方之后，最终流到阿刻卢西亚湖旁边。不过它们并没有与阿刻卢西亚的湖水混在一起，而是在这里翻腾多次之后，最后流进塔塔洛斯中一个比较深的地方；那就是所谓的皮里弗莱格松河[1]，地面上不同地区喷发出来的岩浆都来自这条河。第四条河流的方向与前面的火河方向相反，这条河最先流过的是一些荒芜野蛮的地区，河里的水是深蓝色的，像天青石那样。这条河也就是所谓的斯提吉亚河，它汇集起来之后就形成了斯提克斯湖，流进湖里的水会获得强大的力量。它们沿着相反的方向流经地下，从皮里弗莱格松河的对面流到阿刻卢西亚湖的附近；这条河的水也不与别的河水混合，在流了很多圈之后又从皮里弗

---

1 皮里弗莱格松河（Pyriphlegethon），是希腊神话中冥界的五条河流之一，意为"燃烧着火焰的河流"，因此也被称为火河。

莱格松河对面落入塔塔洛斯之中。有些诗人把这条河称之为科塞特斯。

"这就是另一个世界的情况。当守护神把亡灵带到这个地方之后,亡灵首先会根据他们生前是否善良和虔诚接受审判。那些既不好也不坏的亡灵会被送到阿刻戎,他们可以找到一艘船,然后乘船到达阿刻卢西亚湖;他们将在那里洗干净他们的罪恶,为他们曾经的恶行受罚,也为他们的善行受到奖赏。每个亡灵都按罪论罚、按功行赏。而那些罪大恶极的亡灵,他们或是屡次严重地亵渎神灵,或是谋杀他人,或是有别的恶行,这些亡灵已经无可救药,他们会被直接扔进塔塔洛斯,永远不能从那里出来。这就是他们应得的命运。而有些即便犯过很大罪的人,但并非不可饶恕。比如有些人由于暴怒之下不能控制自己而伤害了父母,然后余生都在为此忏悔;或者在类似情况下杀了人的,也会被扔进塔塔洛斯,在那里受一年的苦,然后被里面的浪潮冲出来。自杀的人会从科塞特斯出来,弑父弑母之人会从皮里弗莱格松河出来,然后去阿刻卢西亚湖,他们将在那里大声痛哭,请求那些他们曾经伤害过的人原谅,请那些曾经的受害者善待一下他们,让他们可以从塔塔洛斯出来进入阿刻卢西亚湖。如果他们被谅解了,那他们就可以进入湖里,停止苦难;如果没有的话,那他们就会被送回塔塔洛斯,再次返回河中,直到那些他们曾伤害过的人原谅他们,因为这是法官判处他们的刑罚。而那些德行出众的人会从这里解脱,去往上面纯洁的地方,住在纯洁的地球上;那些已经用哲学将自己洗净的灵魂从此以后就脱离肉体,生活在纯洁的地方,住在美丽的寓所里。那种美丽是我们不能描述的,而且我的时间也不够去描述了。

"因此,西米亚,知道上面说的这些之后,我们这辈子难道不该做一些事,尽力获得美德与智慧?因为将来的奖赏那么美好,而希望也是如此巨大。

"对我说的那些话,一个有识之士是不会盲目相信的,他也不会认为我对灵魂及其寓所的描述是全部正确的。但是既然灵魂是不死的,那么我们就应该大胆相信至少有些东西是对的，有这种胆量是很值当的。人们应该用这些话来鼓励自己，这也是我为什么讲了这么长的一个故事。也正因此，我认为人们应该为自己的灵魂加油鼓气，拒绝肉体的愉悦和装饰，因为这些东西是外在于灵魂的，对灵魂有害无益。人们应该追求的是知识的愉悦，不要用那些外在的东西来装饰灵魂，应该用灵魂固有的东西来装饰灵魂，比如节制、正义、勇敢、高尚以及真理等等。伴随着这些东西，他会渴望去往另一个世界，当召唤来的时候就走。西米亚、克贝以及别人会在某个时候启程。而我已经像悲剧诗说的那样，得到命运的召唤了，待会儿我就会喝下毒酒。不过我想我最好先去沐浴，免得我死后还得麻烦那些妇人来清洗我的身体。"

当苏格拉底说完这些后，克力同就说："苏格拉底，你还有什么事要交代我们吗？关于你的孩子，或者别的事，我们能为你做什么？"

苏格拉底回答说："克力同，就是我一直说的那些话，没有什么特别的事了。关心好你自己吧，这就是在照顾我和我家人与你们了。你怎么做都行，不论你是否发誓；但是如果你没有关心自己，没有按照我说的那些原则做事，那么不论你现在多么诚恳，也不论你现在许下什么誓言，到头来都是没用的。这些话我已经不是第一次说了。"

克力同说："我们一定竭尽全力按你说的做。另外，我们要怎么安葬你？"

"你想怎样都行，不过你可要抓住我，当心我不小心溜走了。"然后苏格拉底转向我们，笑了笑说，"我竟然没法使克力同相信我就是那个和你们谈话辩论的苏格拉底，他竟然以为待会儿他看见的那个死尸是苏格拉底。然后他还问我，说要怎么葬我。我已经反复向你们证明，我喝下毒药之后就会离开，去往幸福的地方。我说那些话安慰你们和我，但是我认为那似乎对克力同没什么作用。审判的时候，克力同是我的担保人，担保我一定会留在这里；现在我也要请你们做我的担保人，向克力同担保我死之后不会留在这里，我会去别的地方。这样克力同对我的死可能就不会那么痛苦，当他看见我的尸体被焚烧和掩埋的时候也不会那么悲伤。我不想他为我的命运或者埋葬感到难过。我们不要说给苏格拉底办葬礼，然后把他送到墓地埋葬他，这些话不仅本身就是错的，还对灵魂不好。所以，我亲爱的克力同，高兴些，你埋葬的只是我的肉体，所以该怎么做就怎么做吧，按你觉得最好的来。"

当他说完这些话后，就站起来朝浴室走去。克力同跟着他，叫我们等着。于是我们就在那里等他，谈论着刚刚的对话，然后也说到这巨大的不幸。苏格拉底就像一位父亲，而我们就要失去他，余生我们都只是孤儿了。当他洗完之后，他的孩子（长子和两个幼子）被带来见他，他家的那些妇人也来了。他当着克力同的面给了他们一些指示，就让他们走了，之后又回到我们那里。

苏格拉底在里面待了很久，出来的时候太阳都快下山了。当他洗完澡出来之后又在我们身边坐下，但是没有说太多的话。不一会儿，一个狱守进来，他是十一位法官的仆人。他站在苏格拉底旁边说:"苏格拉底,你是我在这里见过的最高贵、最温和、最善良的人,因此我不会把对别的犯人才有的那种怒气发在你身上。当我按照当局的命令让他们服毒的时候,他们总是咒骂我;但我相信你是不会生我气的,你知道该怪谁,而不是怪我。你知道我的使命是什么,再见吧,忍受那些必须忍受的事吧。"说完之后,他的泪水涌了出来,然后就转身出去了。

苏格拉底看着他说:"我也向你说再见,我会按你说的做的。"然后又转向我们说:"多好的一个人啊!自从我来到监狱后,他总是来看我,有时候还和我聊几句,尽可能地对我好。现在又看见他为我悲伤,这是多么可贵啊!克力同,我们照他说的做吧。如果毒药已经准备好了,就把杯子端过来吧;如果还没有准备好,就叫人赶紧准备吧。"

克力同说:"可是太阳还没有完全落山啊,我知道好多人都拖到很晚的。他们接到命令之后还大吃大喝,和相爱的人磨蹭时间。所以你别急,我们还有时间。"

苏格拉底说:"是的,克力同,你说的那些人这么做是对的,因为他们认为他们可以从拖延中得到好处。不过我不会像他们那样,我认为我是对的,就算我推迟一会儿服毒,我也不会从拖延中得到什么好处。在我看来,费劲要留住已经被夺走的生命,这只会很可笑。所以照我说的做吧,别拒绝我。"

克力同对旁边的仆人做了个手势,仆人就出去了。过了好一会儿之后,仆人就和狱守回来了,狱守端着一杯毒酒。苏格拉底对狱守说:"朋友,你对这个事应该很有经验,给我点指导,我要怎么做。"狱守回答说:"喝了之后,你只需走动,直到感觉到腿重,然后就躺下来,毒药就会起作用了。"这时他把杯子递给苏格拉底,苏格拉底没有丝毫的害怕,脸色也没有任何变化。他就像往常那样,以最轻松、最温和的方式端起杯子,两眼看着狱守说:"我想从杯子里滴几滴敬神,可以吗?"狱守回答说:"苏格拉底,我们只准备了够你用的量。"苏格拉底说:"我知道了，不过我还是要向神祈祷，保佑我去往另一个世界时一路顺当。我已经祈祷了，望随我愿。"然后苏格拉底把杯子举到嘴边，一饮而尽，很爽快也很高兴。这之前我们都还能控制我们的悲伤，但当看到他喝下毒酒之后，我们再也忍不住了，我的眼泪情不自禁地掉了下来，我只能掩面擦拭；我并不是为他哭，我是为自己而哭，因为我要和我的朋友分别了。当克力同觉得他不能抑制住他的泪水时，他首先站起来，然后我也跟着站了起来；这时候一直在哭的阿波罗多洛斯放声哭了出来，这使我们更控制不住了。只有苏格拉底还保持着冷静，然后他说："你们哭得真是奇怪。我把那些妇人打发走，主要就是担心她们做出这种不当的行为，因为我听说人死的时候要安安静静地死。所以请安静些，请勇敢些。"听了他的话，我们都觉得很羞愧，于是止住了泪水。然后苏格拉底按狱守说的开始走动，直到腿迈不动，于是就背朝后躺了下来。那个给苏格拉底毒酒的人看了看苏格拉底的脚和腿，过了一会儿，他就使劲捏苏格拉底的腿，问苏格拉底有没有感觉。苏格拉底说："没有。"然后他又从腿部一点一点开始往上捏，让我们知道苏格拉底的腿已经变冷变僵硬了。他摸着苏格拉底说："等毒药到了心脏，就结束了。"苏格拉底慢慢变冷变硬，这时他揭了一下之前盖在脸上的东西说（这是他最后的话）："克力同，我还欠阿斯克勒庇俄斯一只公鸡[1]，你要记得替我还了。"克力同说："我一定会还的。还有其他事吗？"但是就没有回应了。过了一两分钟之后，苏格拉底动了一下，仆人再次把遮面的东西揭去，这时他的眼睛已经定住了，然后克力同把苏格拉底的眼睛和嘴合上。

伊奇克拉底，这就是我们的朋友的结局。真诚地说，他是我认识的所有人当中最有智慧、最公正以及最善良的人。

---

[1] 阿斯克勒庇俄斯（Asclepius），古希腊神话中的医药与治疗之神，后被尊为医学的象征。病人康复后，通常会向他献上一只公鸡以示感谢，这一习俗在古希腊文化中十分普遍。